ゼロからはじめる

中国語
書き込み
レッスン

原田 夏季 著

はじめに

大家好！（みなさん、こんにちは！）原田夏季です。本書を手に取ってくださりありがとうございます。

本書のテーマは「中国語学習の良いスタートを切る」です。「書く」と「聞く」を中心に、発音、基本文法、会話の順で、中国語学習の大筋を把握できるようにしています。

第1章では発音を学びます。外国語を話すということは、発音に向き合い続けることでもあります。その最初の一歩として、まずは「伝わる発音」を目指すため、日本語の発音と大きく違う音を中心に学んでいきます。

第2章は基本文法を学びます。どんなに長い文章でも、その骨幹は基本的な文法でできています。中国語の文を作るために必要な骨幹を繰り返し鍛え、会話に応用する下準備をします。

第3章は会話を中心とした応用パートです。中国語の文法が、実際の会話ではどのように使われるのかを見ていきながら、これまで学んだ単語や基本文法を駆使して進みます。ダウンロード音声を聞き、実際に人に語りかけるような気持ちで、何度もリピートしてみてください。

本書は書き込み式になっています。是非直接書き込んでみてください。最後のページに近づく頃には、それまでのページにたくさんの努力の跡がついていることでしょう。それでは、中国語学習のスタートです。祝你学習順利！（勉強が順調に進みますように！）

2023年12月　原田夏季

CONTENTS

第2章　会話につながる基本文法

CONTENTS

第3章　会話にチャレンジ！

巻末付録

音声ダウンロードについて

学習用音声は、以下の方法でお聞きいただけます。

【パソコンをご利用の場合】

「アルク ダウンロードセンター」をご利用ください。

https://portal-dlc.alc.co.jp/

商品コード（7023011）で検索し、［ダウンロード］ボタンをクリックして、音声ファイルをダウンロードしてください。

【スマートフォンをご利用の場合】

英語学習アプリ「booco」（無料）をご利用ください。本アプリのインストール方法は、カバー袖でもご案内しています。商品コード（7023011）で検索して、音声ファイルをダウンロードしてください。（iOS、Androidの両方に対応）

本書の使い方

本書は大きく分けて3つの章で構成されています。30日で学んでいくのが基本ですが、「もっとゆっくり」「もっと速く」学んでいただいてもOKです。ご自分のペースで進めていきましょう。

行った日を記入します。

この日の学習範囲が終わったらチェックします。

この日のドリルが終わったらチェックします。

この日の内容を理解できていたらチェックします。

夏季先生がまるで目の前で教えているようなスタイルで展開します。

DL 000 はダウンロード音声（mp3形式）でお聞きいただけます。

夏季先生の助手のトラくんが、ちょっとしたポイントを伝えてくれます。

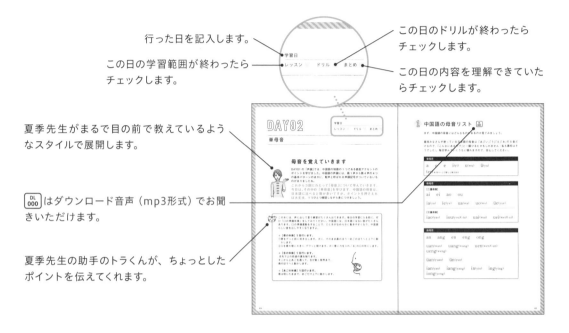

第1章　発音【音声あり】

DAY01〜DAY10の10日間で、中国語の発音をしっかり定着させます。発音を聞いて、声出しして、書き込みながら、1つひとつ学んでいきましょう。
第1章の「今日のドリル」には以下のようなものがあります。

・聞いて選んでね！：聞こえてきた音を選びます。
・聞いて、声に出してみよう！：音声を聞いて、声に出して発音します。
・聞いて、声に出して、書いてみよう！：音声を聞いて、声に出して発音してから、漢字とピンインを書きます。このドリルを通じて、中国語の単語も少しずつ身につけていきましょう。

第2章　会話につながる基本文法【音声あり】

DAY11〜DAY19の9日間で、基本文法を自分のものにします。第2章の「今日のドリル」には以下のようなものがあります。中国語を組み立てる力を着実につけていきましょう。

・基本単語を書いてみよう：よく使われる基本単語を学びます。音声を聞いて、声に出して発音してから、漢字とピンインを書きます。
・聞いて、文を完成してみよう！：音声を聞いて、語句リストから正しい単語を選び、文を完成させます。
・作文してみよう！：日本語を参考にしながら、中国語文を作文します。

第3章　会話にチャレンジ！【音声あり】

DAY20〜DAY30の11日間で、いよいよ会話に挑戦！　リアルな会話文を聞いて、声出しして、書き込むことで、中国語で会話するための第一歩を踏み出せます。

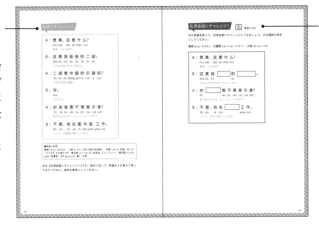

会話にチャレンジ！

この日学んだことを盛り込んだ会話文です。会話全文を聞き、それぞれの役になりきり声に出して言ってみます。仕上げに日本語を聞いて、すぐ中国語で行ってみましょう。

**応用会話に
チャレンジ！**

基本的には、「会話にチャレンジ！」の入れ替え表現となっています。

会話に活用できる単語を、テーマごとにまとめて紹介しています。

第3章の「今日のドリル」には以下のようなものがあります。目、耳、手、口をフルに使ってドリルを解いていきましょう。

・オリンピックの開催日時を中国語で書いてみる
・会話の応答文を完成する　など

巻末付録

会話に生かせる「応用単語」（音声あり）と「ピンイン表」を掲載しました。

中国語ってどんな言葉？

この本では「普通话」を学びます

中国は国土が広大で人口が多く、50以上の少数民族がいるため、数多くの方言が存在します。この本で学ぶ「普通话（pǔ tōng huà／プートンホァ）」は中国語における共通語で、北京語音（北京近辺の発音、方言）をもとにしています。

中国（中華人民共和国）は国土面積960万㎢（日本の約26倍）、人口14億人（日本の約11倍）を誇る東アジアの国家です。全人口のおよそ92％は漢族ですが、そのほかに50以上の少数民族が暮らしています。

広大な土地にさまざまな民族が暮らしているため、ひと口に「中国語」と言っても多様な方言が存在します。たとえば、中国語のあいさつフレーズの中でもよく知られている「你好（nǐ hǎo／ニーハオ）」は、上海では「ノンホウ」、香港では「レイホウ」のように発音します。方言が違うために、中国人同士でも話が伝わらないことは、それほど珍しくありません。

そこで生まれたのが「普通话（プートンホァ／pǔ tōng huà）」です。普通话は中国人にとっての共通語で、北京語音（北京近辺の発音、方言）をもとにしています。中国の人々は、学校教育を普通话で学んでいます。ですから、上海の人に対しても、「ニーハオ」と普通话で話しかければ、相手も「ニーハオ」と返してくれます。

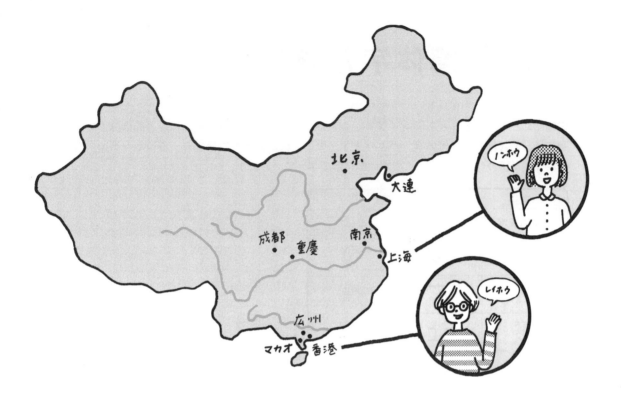

🚩 **豆知識**

中国の首都・北京は文化の中心地。「紫禁城」の名でも知られる故宮など、数多くの観光スポットがあります。中でも万里の長城は有名です。人工壁の総延長は6,352kmで、日本列島の約2倍もの長さを誇ります。観光可能な地点の中でもっとも有名なのが「八達嶺」。北京の観光スポットに数えられてはいますが、北京中心部から70キロほど離れており、行くには時間がかかるので注意が必要です。

上海は中国の東、長江の河口にある経済の中心都市です。有名な観光スポットである外灘は、美しい歴史的な建物と対岸にある現代的なビルとのコントラストが魅力的。最近では上海ディズニーランドも大人気で、春節イベントなど、中国ならではの催しも開催されています。

広大な国土を持つ中国ですが、中華料理も地方により多種多様。"北咸・東酸・西辣・南淡"とは、各地方の料理の特徴を表した言葉で、「北は塩辛い、東は酸っぱい、西は辛い、南はあっさり」という意味です。それぞれ北は北京料理、東は上海料理、西は四川料理、南は広東料理が有名ですね。最近では「ガチ中華」という言葉が広まり、日本の都市部では中国に行かなくても本格的な地方料理が楽しめる店が増えています。料理から地方を知り、文化を知り、中国語の世界に入っていく人も多いようです。

ここで、中国語を学ぶにあたり、押さえておきたいポイントをご紹介します。

 中国語の ポイント① # 簡体字と繁体字

中国語は、そのほとんどを漢字で表現しますが（哆啦Ａ梦［ドラえもん］などの例外あり）、漢字には「簡体字」と「繁体字」があります。中国では広範囲で簡体字が、香港やマカオ、台湾では繁体字が使われています。この本は簡体字で学んでいきます。

日本語	中国語	
日本の漢字	簡体字 ※この本で学ぶ漢字	繁体字
発	发	發
広	广	廣
譲	让	讓
国	国	國
営	营	營
話	话	話

 中国語の ポイント② # ピンイン

漢字を読むための「ふりがな」のような発音表記を、「ピンイン（拼音／pīn yīn）」と言います。ピンインは、アルファベットで母音と子音、記号で声調（発音の高低アクセント）を表します。この3つの要素で、中国語の発音は表記されます。

ピンインは学習用の発音表記で、中国の小学校ではピンインで発音の基礎を身につけます。また、携帯電話やパソコンで中国語を入力するときにも、ピンインのアルファベットを活用します。

漢字だけの中国語文を読んだり発音できたりするようになるのが、中国語学習の大きな目標となりますが、そのためにはまず、ピンインを正確に読めるようになることがポイントとなります。

中国語文

我 是 日本人。

 ピンイン

Wǒ shì Rì běn rén.

私は日本人です。

ピンインの3つの要素である「母音」「子音」「声調」を見てみましょう。
母音、子音は日本語にもあるものですが、声調は中国語の特長の1つと言えるでしょう。

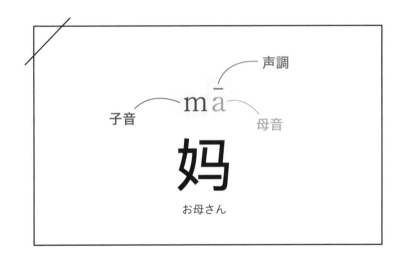

声調とは「発音の高低アクセント」、つまり音の高さの上げ下げのことです。**中国語の声調には4種類あり、アクセントが変わるだけで、漢字も意味も変わります。**日本語でも声調に似たものがあります。たとえば、「橋（はし）」と「箸（はし）」は同じ「はし」と発音しますが、アクセントが違い、漢字も意味も異なりますよね。

中国語は声調が非常に重要な言語なので、4種類の声調からしっかり学んでいきましょう。

日本語話者にとって「オトク」な点がある！

日本語話者が中国語を学ぶときに生かしたい、「オトク」な点が2つあります。

1 「漢字のイメージ」が身についている

猫　　　花　　　手

漢字を見たときに、日本語話者の皆さんならパッとイメージがわくと思います。漢字を勉強したことがない人にとっては、漢字とその意味、イメージを結びつけるのは、思いのほか難しいものです。

漢字を見てイメージがわくことは、単語や表現を覚えるときにとても役立ちます。

2 文法が、英語や日本語に比べるとシンプル

我　有　票。
私　　ある　チケット。（私はチケットを持っています。）

你　有　票　吗?
あなた　ある　チケット　〜ですか？（あなたはチケットを持っていますか？）

中国語の文法は、英語や日本語に比べるとシンプルと言えます。たとえば、中国語の動詞には活用形がないので、覚えた単語をすぐ使いこなせます。

また、疑問形は文末に"吗?"をつけるだけ（疑問形の表現はほかにもありますが、ここでは一番シンプルなものをご紹介します）。「学びやすさ」は中国語の魅力の1つです。

 # 日本語話者にとって「注意」すべき点がある！

日本語話者が中国語を学ぶときに「オトク」なところがある反面、「注意」したほうがいいポイントもあります。ここでは2つ紹介します。

1 中国語を音で覚えよう

字を見て意味が理解できても、発音できないと中国語で会話をするのは難しくなります。ポイントは「音」と「意味」を直接つなげ、「音で覚える」こと！ 実は、英語が母語の中国語学習者は、漢字が苦手な人が多い代わりに、発音が得意な人が多い傾向にあるんですよ。漢字のイメージが身についていることはメリットでもありますが、落とし穴にもなりえます。この本では、しっかり音を聞きながら中国語を学んでいきますよ。

2 カタカナに頼るのはなるべく避けよう

中国語にはどうやってもカタカナでは表しきれない、あるいはカタカナに当てはめてしまうとまったく伝わらない音があります。ですから、カタカナに頼るのはなるべく避け、ピンインと実際の音に向き合っていきましょう。

それでは、
一緒に中国語を学んで
いきましょう！

第1章

発音

声調

歌う感覚で練習しよう

12 ページの「中国語のポイント②」でふれたように、ピンイン（拼音／ pīn yīn）を構成する 3 つの要素の 1 つに「声調（せいちょう）」があります。声調は「発音の高低アクセント」のことで、声調が正しければ正しいほど、中国語として伝わる確率がグンと上がります。声調は「歌う感覚」で何度も聞いて、声に出して練習するのがコツです。自転車に乗るのと同じで、一度身につけてしまえばすぐに思い出せます。あせらず、しかし確実に学んでいきましょう！

1 ピンイン

今日のテーマ「声調」に入る前に、漢字を読むための「ふりがな」のような発音表記である「ピンイン（拼音／ pīn yīn)」についてもう一度確認しておきましょう。

ピンインは学習用の発音表記で、「母音」「子音」「声調」の 3 つの要素で構成されています。発音変化などイレギュラーなものもありますが、基本的にはピンインを表記通り読めば中国語を発音できます。

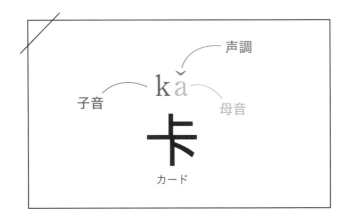

今日は、このピンインの要素の中でも、特に中国語らしい特徴を感じられる「声調」について学んでいきます。中国語では、漢字1文字1文字にすべて声調があるので、最初は「覚えられない！」と思うかもしれません。この本の例文やドリルを何度も聞いて、声に出していくことで確実に身につけられますので、安心して取り組んでください。

② 第1声・第2声・第3声・第4声 [DL 001]

中国語の声調には4つの基本パターンがあります。日本語の「ま」の発音とほぼ同じである ma の音で比べてみましょう。

【第1声】
一定の高さで、なるべく長めに発音します。
コーラス隊の発声練習のイメージで。

音のイメージ

mā

【第2声】
記号は左から右へ斜め上に上がっていますが、アクセントは「直角に急上昇」がポイント！後ろの音（この場合は a）が声が大きくなります。
不良が因縁をつけてくる時の「ああ⤴!?」のイメージで。

音のイメージ

má

【第3声】

ただひたすら低く、「う～ん」と考え込むようなイメージで。
基本的には「第3声は低い」と覚えておいてOKです。

音のイメージ

mǎ

ただし、後ろに音が続かない場合（単独あるいは文末）、第3声は点線部分のように少し音が上昇します。ここでは「五」と「五千」の音を比べてみます。「wǔ」の部分に注目して音を聞き、違いをつかみましょう。

wǔ qiān
五 千
※低いまま

wǔ
五
※最後が少し上がる

【第4声】

強く、断定的に。「キッパリとした音」です。
力いっぱい、憎いヤツを「ヤーッ！」と成敗するイメージで。

音のイメージ

mà

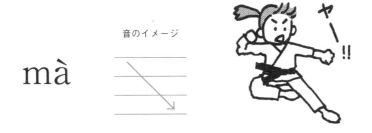

③ 軽声 DL 002

ピンインは、基本的には声調が記されていますが、声調が記されていない場合があります。このような、声調が記されていない音のことを「軽声（けいせい）」と呼びます。

第1声、第2声、第3声、第4声の後ろに、おまけのように短くつくイメージでとらえるとよいですね。軽声自体には基本的には音の高低差がなく、直前の漢字の声調によって高さが異なります。

ただし、第3声の後ろに軽声が来る場合のみ、軽声の音が上がります。これは、第3声が低いので、音が上がって聞こえるためです。下の図を参照してください。

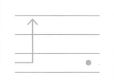

第1声＋軽声

第2声＋軽声

第3声＋軽声

mmàma

第4声＋軽声

聞いて、声に出して、書いてみよう！ DL 003

次の音を聞いて、声調に注意しながら声に出して発音したら、ピンインを書いてください。これを3回行いましょう。

第1声 mā	第2声 má	第3声 mǎ	第4声 mà
【3回聞いて3回書く】	【3回聞いて3回書く】	【3回聞いて3回書く】	【3回聞いて3回書く】
【簡体字と意味】 妈 お母さん	【簡体字と意味】 麻 麻	【簡体字と意味】 马 馬	【簡体字と意味】 骂 罵る

 上の表を見ると、同じ「ma」の音でも、声調によって簡体字と意味が変わるのが分かります。声調は、特に中国語を聞いたり話したりするときのポイントとなりますので、この本でしっかり身につけていきましょう。

今日のドリル　聞いて選んでね！

DL
004

解答P.247

聞こえてきた音はどちらでしょうか? 正解だと思うほうに〇をつけましょう。

① mā / mǎ
② mà / má
③ mā / má

DAY02

単母音

母音を覚えていきます

DAY01の「声調」では、中国語の特徴の1つである高低アクセントのポイントを学びました。中国語の声調には、第1声から第4声の4つの基本パターンのほかに、軽声と呼ばれる声調記号がついていないものがありましたね。

これから3回にわたって「母音」について学んでいきます。今日は、その中の「単母音」を学びます。中国語の母音は、日本語に比べると数が多いですが、ポイントを押さえれば大丈夫。1つひとつ確認しながら身につけましょう。

この本には、声に出して言う練習がたくさん出てきます。毎日の学習に入る前に、ぜひ「口の準備体操」をしてみてください。中国語には、日本語にはない音がたくさんあります。口の準備運動をすることで、口と舌がなめらかに動きやすくなり、中国語らしい音を出しやすくなりますよ。

★【唇の体操】5回行います。
①唇をグッと前に突き出します。次に、そのまま鼻のほう→あごのほうへと上下に動かします。
②口を最大限に大きく、グワッと開けます。次に唇に力を入れ、「お」の口の形にします。

★【舌の体操】5回行います。
舌先で上の前歯の裏を触ります。
そこから上あごを通って、舌が動く限界まで、
奥のほうへと動かします。

★【あごの体操】5回行います。
唇は閉じたままで、あごだけ上下に動かします。

1 中国語の母音リスト [DL 005]

まず、中国語の母音にはどんなものがあるのか見てみましょう。

普段みなさんが使っている日本語の母音は「あ」「い」「う」「え」「お」の5音だけなので、「こんなにあるの!?」と一瞬ひるむかもしれません（私も最初はそうでした）。毎日学んでいくうちに慣れますので、安心してください。

単母音

a　　o　　e　　i(yi)　　u(wu)　　ü(yu)

(er) ※78ページで詳しく学びます

複母音

【二重母音】

ai　　ei　　ao　　ou

ia(ya)　　ie(ye)　　ua(wa)　　uo(wo)　　üe(yue)

【三重母音】

iao(yao)　　iou(you)(-iu)　　uai(wai)　　uei(wei)(-ui)

鼻母音

an　　ang　　en　　eng　　ong

uan(wan)　　uang(wang)　　uen(wen)(-un)
ueng(weng)

üan(yuan)　　ün(yun)

ian(yan)　　iang(yang)　　in(yin)　　ing(ying)
iong(yong)

今日のテーマは、この母音リストの中の「単母音（たんぼいん）」ですが、ここで「オトクな情報」を1つお伝えします。

基本の単母音は全部で6つですが、これらの単母音を組み合わせて合体させたものが「複母音（ふくぼいん）」です。単母音が読めるようになれば、複母音もかなりの確率ですんなり読めるようになります。そう聞くと頑張れそうですよね！　また、鼻母音（びぼいん）もコツが分かれば読みやすくなりますので、1つひとつ慣れていきましょう。

これら母音（単母音、複母音、鼻母音）に子音（DAY07〜09参照。子音がなく、母音だけの場合もある）、さらにDAY01で学んだ声調（第1声〜第4声、軽声）が合わさることで、1つの音が完成します。次のイメージ図を見て、頭の中を整理してみましょう。

② 日本語の音に近い単母音 〔DL 006〕

中国語の母音の全体像をつかんだところで、単母音を紹介します。まずは日本語の音に近い3つの単母音です。発音のコツと口の形の写真をよく確認して、ダウンロード音声を聞きながら発音してみましょう。

a

唇の形は日本語の「あ」でOK。あごを下げ、喉の奥を意識して、はっきりと発音するのがポイント。**口の中の空間を広くするイメージ**を持つと、キレのいい発音になりますよ。

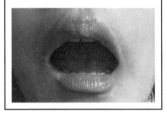

o

唇の形は日本語の「お」でOK。あごを下げ、喉の奥を意識して、はっきりと発音するのがポイント。**口の中の空間を広くするイメージ**を持つと、キレのいい発音になりますよ。

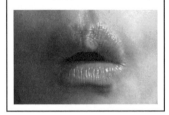

i(yi※1)

舌にしっかり力を入れ、日本語の「い」よりも鋭く、はっきり発音します。**子どもが人に向かって「イーダ!」と言うイメージ**で。

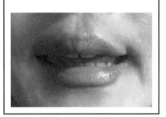

※1 子音がつかず、母音だけで1つの音となる場合は「yi」と表記します。

③ 中国語ならではの単母音

DL 007

今から紹介する３つの単母音は「中国語ならではの単母音」と言えますね。
発音のコツと口の形の写真をよく確認して、ダウンロード音声を聞きながら
発音してみましょう。

u (wu※1)

日本語の「う」よりも「お」に近い音です。
日本語の「お」よりも、唇を更に小さくすぼめます。唇をすぼめ、鼻の下を伸ばし、あごを下げて発音します。舌は奥に引っ込め、口の中の空間を広く取りましょう。

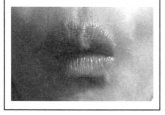

ü (yu※2)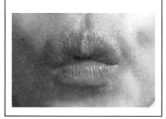

日本語の「い」を言いながら、そのまま唇をすぼめて発音してみましょう。「ゆ」と「い」が合体したような音になります。舌と唇が緊張する音です。緊張をゆるめると、日本語の「ゆ」になってしまうので気をつけましょう。

e

唇ではなく、喉の奥でうなるようにして出す音です。唇の力を抜き、半開きにした形で、喉の奥から「う」と「お」の中間のような音を出しましょう。eの表記を見るとつい「え」の音と近いと思いがちですが、まったく違う音なので注意しましょう。

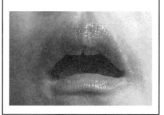

※1　子音がつかず、母音だけで１つの音となる場合は、「wu」と表記します。
※2　子音がつかず、母音だけで１つの音となる場合は、「yu」と表記します。

 日本語話者が特に注意したいのが「e」と「ü（yu）」の音！　日本語の母音に近い音がないので、口が慣れるまで何度も練習してみましょう。「e」と「ü（yu）」が登場するところには右のようなマークを入れていますので、参考にしてください。また、どんな音だったか迷うときは、このページに戻って確認しましょう。

今日のドリル　聞いて、声に出してみよう！

音声を聞いたら、声に出して発音してみましょう。

DL 008

単母音+第1声

ā	ō	ī(yī)	ū(wū)	ǖ(yū) **ü**	ē **e**

単母音+第2声

á	ó	í(yí)	ú(wú)	ǘ(yú) **ü**	é **e**

単母音+第3声

ǎ	ǒ	ǐ(yǐ)	ǔ(wǔ)	ǚ(yǔ) **ü**	ě **e**

単母音+第4声

à	ò	ì(yì)	ù(wù)	ǜ(yù) **ü**	è **e**

aの第1声〜第4声

ā	á	ǎ	à

oの第1声〜第4声

ō	ó	ǒ	ò

iの第1声〜第4声

ī(yī)	í(yí)	ǐ(yǐ)	ì(yì)

uの第1声〜第4声

ū(wū)	ú(wú)	ǔ(wǔ)	ù(wù)

üの第1声〜第4声　ü

ǖ(yū)	ǘ(yú)	ǚ(yǔ)	ǜ(yù)

eの第1声〜第4声　e

ē	é	ě	è

今日のドリル

聞いて、声に出して、書いてみよう！

DL 009

音声を聞いて声に出して発音してから、ピンインと漢字を書いてください。これを3回行いましょう。

ここで紹介する単語は漢字1文字で意味があり、単母音だけで発音できるものです。発音するときは、以下に注意しましょう。

● 漢字1文字で第3声の場合は、音の最後が少し上がります。（20ページ参照）
● 子音がつかず、母音だけで1つの音となる場合、「i」「u」「ü」はそれぞれ「yi」「wu」「yu」と表記します。（32ページ参照）

yī 一 1			

wǔ 五 5			

ü

yǔ 雨 雨			

e

è 饿 お腹がすいた			

饿の𩙿の書き順だよ！

01 ╱

02 𠂉

03 ケ

聞こえてきた音はどちらでしょうか？　正解だと思うほうに〇をつけましょう。

① ē / wū
② à / è
③ yì / yù

ピンイン表記のルールについて

1 子音がつかない場合にピンイン表記が変わる母音

母音には、子音がつくかつかないかによって、ピンイン表記が変わるものがあります。

DAY02 の「1　中国語の母音リスト」(25 ページ)や「2　日本語の音に近い単母音」(27 ページ)、「3　中国語ならではの単母音」(28 ページ)を確認してみましょう。カッコつきで紹介されているピンインがありましたね。これらは、子音がつかず、母音だけで 1 つの音となる場合、カッコ内のピンイン表記に変わる母音です(「-iu」「-ui」「-un」は除く)。以下の表を見てみましょう。

【子音がつかず、母音だけで 1 つの音になる場合、ピンイン表記が変わる単母音】

子音がつく場合のピンイン表記	-i	-u	-ü
子音がつかず、母音だけの場合のピンイン表記	yi	wu	yu

以下を見て確認しましょう。

nǐ
你
あなた

yī
一
1

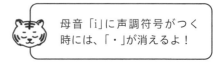

母音「i」に声調符号がつく時には、「・」が消えるよ!

表記が変化するのはややこしいですが、「y」は「i」、「w」は「u」、「yu」は「ü」と発音すると覚えておけば OK です。

② 声調符号をつける位置

声調を表す符号「声調符号」は、母音の上につくのが基本です。そのため、母音が１つの場合はその母音につければ OK です（例：八 bā）。母音が２つ以上の場合は、次のような優先順位でつくので、参考にしてください。口の開け方が大きい順に、声調符号がつくイメージを持っておくといいですよ。

①a があれば a につける。例：家 jiā

②a がなければ o か e につける。ちなみに、ピンインには o と e の組み合わせはありません。例：狗 gǒu、黒 hēi

③-iu と -ui については、後ろの母音につける。例：六 liù、水 shuǐ

ピンインは学習用の発音表記で、あくまでも「補助の役割をするもの」です。学習が進むと、ピンインがなくても漢字を見て発音できるようになります。「まずはピンインが読めれば OK！」という気楽な気持ちで、取り組んでいきましょう。

DAY03

複母音① 二重母音

二重母音ai ei ao ou と ia ie ua uo üeを学びます

DAY02 では単母音を学びました。この単母音を 2 つ合体させた母音を「二重母音」と呼びます。二重母音は日本語のローマ字発音で十分伝わるものばかりですが、単母音の口の形を思い出しながら発音すると、より伝わりやすくなりますよ。何度も音を聞きながら発音し、書いてみましょう。

1 ai ei ao ou [DL 011]

まず、最初の母音を強くはっきり発音する二重母音を学びます。発音のコツを下の表で確認したら、ダウンロード音声を聞きながら発音してみましょう。

ai 日本語の「あい」と似た発音です。あごを下げ、喉の奥を意識し、キレのある a を出したあと、舌に力を入れて i につなげましょう。	**ei** 日本語の「えい」と似た発音です。**単母音のeとは違う音ですので注意しましょう。**日本語よりもはっきりと発音する意識を持つことで、さらに中国語らしい発音になります。
ao 日本語の「あお」と似た発音です。口の中の空間を広くするイメージであごを下げ、喉の奥を意識し、キレのある a を出したあと、唇をすぼめて o につなげましょう。	**ou** 日本語の「おう」と似た発音です。口の中の空間を広くするイメージであごを下げ、唇をすぼめて o を出したあと、唇を更にすぼめて u につなげましょう。

② ia ie ua uo üe 〔DL 012〕

次に、後ろの母音を強くはっきり発音する二重母音を学びます。発音のコツを下の表で確認したら、ダウンロード音声を聞きながら発音してみましょう。

---

ia (ya※)

日本語の「いあ」と似た発音です。舌に力を入れてiを発音し、aにつなげましょう。

ie (ye※)

日本語の「いえ」と似た発音です。このeは単母音のeとは違う音ですので注意しましょう。舌に力を入れてiを発音し、eにつなげましょう。

---

ua (wa※)

口の中の空間を広くするイメージであごを下げ、唇をすぼめてuを出したあと、唇の力を抜いてaにつなげましょう。

uo (wo※)

口の中の空間を広くするイメージであごを下げ、唇をすぼめてuを出したあと、唇の力を少しだけ抜いてoにつなげましょう。

üe (yue※)

単母音のüを発音したあと、日本語の「え」のような音につなげます。このeは単母音のeとは違う音ですので注意しましょう。

※ 子音がつかず、母音だけで1つの音となる場合は「i」は「y」、「u」は「w」、「ü」は「yu」と表記します（32ページ参照）。

今日のドリル　聞いて、声に出してみよう！

音声を聞いたら、声に出して発音してみましょう。

二重母音+第1声

āi	ēi	āo	ōu	
iā(yā)	iē(yē)	uā(wā)	uō(wō)	üē(yuē) ü

二重母音+第2声

ái	éi	áo	óu	
iá(yá)	ié(yé)	uá(wá)	uó(wó)	üé(yué) ü

 　二重母音を第2声で発音するときは、前の母音が低く、後ろの母音が高くなるように発音するよ！

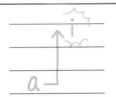

二重母音+第3声

ǎi	ěi	ǎo	ǒu	
iǎ(yǎ)	iě(yě)	uǎ(wǎ)	uǒ(wǒ)	üě(yuě) ü

二重母音+第4声

ài	èi	ào	òu	
ià(yà)	iè(yè)	uà(wà)	uò(wò)	üè(yuè) ü

今日のドリル

聞いて、声に出して、書いてみよう！

音声を聞いて声に出して発音してから、ピンインと漢字を書いてくださ
い。これを3回行いましょう。まだ学んでいない子音がついているものが
ありますが、耳でよく聞きながらまねして発音してみてください。

lái 来 来る			

lèi 累 疲れる			

lǎo 老 老いる			

lóu 楼 ビル			

jiā 家 家			

xiě 写 書く			

huā			
花			
花			

duō			
多			
多い			

ü yuè liang			
月亮			
月			

日本の漢字と
違う点に注意！

写　花

DAY 04

複母音② 三重母音

三重母音 iao iou uai uei を学びます

DAY03 では単母音が 2 つ合体した二重母音を学びました。今日は 3 つ合体した三重母音を学びます。日本語を発音するときよりも口を大きく開いて動かすのがコツです。大げさなくらいでちょうどいいですよ。何度も発音していると口周りが筋肉痛になりますが、小顔エクササイズだと思って頑張りましょう！ また、いずれも 1 音で発音できるよう、何度も音を聞きながら発音し、書いてみましょう。

1 iao iou uai uei DL 015

今日学ぶ複母音は、「iao」「iou」「uai」「uei」の 4 つの三重母音です。音をよく聞いて、発音してみましょう。

iao(yao※1)

日本語の「やお」でも通じますが、中国語らしく発音するためには、最初の i がポイント。舌に力を入れて i を発音してから ao につなげましょう。

iou(you※1)(-iu※2)

日本語の「よう」でも通じますが、中国語らしく発音するためには、最初の i がポイント。舌に力を入れて i を発音してから ou につなげましょう。

uai(wai※1)

日本語の「わい」でも通じますが、中国語らしく発音するためには、最初の u がポイント。唇をすぼめ、口の中の空間を広げて u を発音してから ai につなげましょう。

uei(wei※1)(-ui※2)

日本語の「うぇい」でも通じますが、中国語らしく発音するためには、最初の u がポイント。唇をすぼめ、口の中の空間を広げて u を発音してから ei につなげましょう。

※1　子音がつかず、母音だけで 1 つの音となる場合は「i」は「y」、「u」は「w」と表記するのでしたね（32 ページ参照）。
※2　子音がつく場合に表記が変化します。詳しくは 40 ページを参照してください。

隠れた音に注意！

39ページで見たように、「iou」には (you)と(-iu)、「uei」には（wei）と
(-ui)、それぞれ2つの表記がありますね。子音がつかず、母音だけで1つの
音となる場合、表記がそれぞれ「you」「wei」となるのは、他の音と変わ
りません。しかし、やっかいなことに、子音がつくと表記が変わるんです。
ただし、表記が変わるだけで発音はそのままです。以下を見てみましょう。

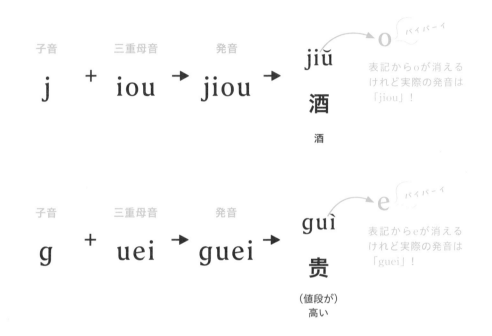

子音　　　三重母音　　　発音

j ＋ iou → jiou → jiǔ
酒

酒

o バイバーイ
表記からoが消える
けれど実際の発音は
「jiou」！

子音　　　三重母音　　　発音

g ＋ uei → guei → guì
贵

（値段が）
高い

e バイバーイ
表記からeが消える
けれど実際の発音は
「guei」！

 カッコの中のピンインに「-（ハイフン）」がついているものがあるね。これは、「こ
こには子音が入る」という意味だよ。

今日のドリル　聞いて、声に出してみよう！

音声を聞いたら、声に出して発音してみましょう。
なお、※の部分の「声調符号の位置が変わる」ことについては、
33ページを参照してください。

三重母音+第1声

| iāo(yāo) | iōu(yōu)(-iū) | uāi(wāi) | uēi(wēi)(-uī※) |

三重母音+第2声

| iáo(yáo) | ióu(yóu)(-iú) | uái(wái) | uéi(wéi)(-uí※) |

三重母音+第3声

| iǎo(yǎo) | iǒu(yǒu)(-iǔ) | uǎi(wǎi) | uěi(wěi)(-uǐ※) |

三重母音+第4声

| iào(yào) | iòu(yòu)(-iù) | uài(wài) | uèi(wèi)(-uì※) |

今日のドリル

聞いて、声に出して、書いてみよう！ 〔DL 017〕

音声を聞いて声に出して発音してから、ピンインと漢字を書いてくださ
い。これを3回行いましょう。まだ学んでいない子音がついていますが、
耳でよく聞きながらまねして発音してみてください。

niǎo 鸟 鳥			

発音はliou

liù 六 6			

発音はniou nai

niú nǎi 牛奶 牛乳			

kuài 快 速い			

発音はguei

guǐ 鬼 幽霊			

 三重母音は「1音に押し込んで発音する」のがポイントだよ。たとえば、「快
（kuài）」は単母音のuとaとiが合体した三重母音だから、1音で聞こえるよう、素早
く口を動かして発音する必要があるんだ。複母音（二重母音、三重母音）を発音する
ときは、このような「1音に押し込む」感覚に気をつけてみよう。

DAY05

鼻母音①

鼻母音an ang en eng ong üan ün を学びます

ここまで単母音、複母音を学んできました。今日は「鼻母音（びぼいん）」と呼ばれるもののうち、7つを学びます。鼻母音は、nかngで終わる母音です。nやngの音は、普段意識していないかもしれませんが、日本語にもありますよ。それではさっそく今日の学習に入りましょう。

1 nとng

まずは「n」と「ng」の発音の違いを学びましょう。
日本語の「あんない（案内）」「あんがい（案外）」を、それぞれ「あんーーーーない」「あんーーーーがい」と「ん」を伸ばして言ってみてください。「あんない」のあん（an）は舌先が上あごについているのに対し、「あんがい」のあん（ang）は舌先がどこにもついていません。言い終わった時の口の形も違います。下の表を見てください。

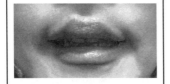

n

舌先で音を止めるため、言い終わった時に口が閉じ気味になります。

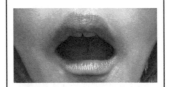

ng

舌の根元の部分で音を止めるため、言い終わった時に「n」よりも口が開いています。

ただ、この「n」と「ng」の違いはあくまでも「理論上の話」です。実際に単語やフレーズを発音する場合、必ずしもこれらの舌の位置や口の形にならない場合もあります。

たとえば、ピンイン（拼音／pīn yīn）の発音を見てみましょう。 pīn の「n」の部分で、表記（ルール）通りに舌先をつけて発音すると「ピンニン」のようになりますが、実際の発音では、舌先をつけて発音していません。鼻母音はポイントだけ押さえておけば十分ですので、肩の力を抜いて練習しましょう！

② 7つの鼻母音 DL 018

今日学ぶ鼻母音は、「an」「ang」「en」「eng」「ong」、そして「üan(yuan)」「ün(yun)」の7つです。発音のコツを下の表で確認したら、ダウンロード音声を聞きながら発音してみましょう。

an

日本語の「案内」の「あん」に近い音です。舌先で音を止めるため、口内が狭くなり、a の響きもやや「エ」に近い音になります。

ang

日本語の「案外」の「あん」に近い音です。舌の根元の部分で音を止めるため、口内が広くなり、少し鼻にかかったような音になります。

en

日本語の「えん」に近い音です。**eng** との音の違いに注意しましょう。

eng (e)

eng との音の違いに注意しましょう。単母音 e の音を意識し、喉の奥で発音します。また、ng と続くので、舌の根元の部分で音を止めます。

ong

日本語の「温厚」の「おん」の音に近い音です。eng よりも唇を丸めて発音します。必ず子音とセットになる音です。

üan(yuan※) ü

単母音 ü から始まる音です。この音の a は日本語の「え」に近い音になります。

ün(yun※) ü

単母音 ü から始まる音です。唇をすぼめて、ü を発音したら、唇の力を抜いて n を発音します。

※ 子音がつかず、母音だけで1つの音となる場合は、「ü」は「yu」と表記するのでしたね（32ページ参照）。

今日のドリル　聞いて、声に出してみよう！

音声を聞いたら、声に出して発音してみましょう。

鼻母音+第1声

ān	āng	ēn	ēng ⓔ
ōng	üān(yuān) ⓤ	ūn(yūn) ⓤ	

鼻母音+第2声

án	áng	én	éng ⓔ
óng	üán(yuán) ⓤ	ún(yún) ⓤ	

鼻母音+第3声

ǎn	ǎng	ěn	ěng ⓔ
ǒng	üǎn(yuǎn) ⓤ	ǔn(yǔn) ⓤ	

鼻母音+第4声

àn	àng	èn	èng ⓔ
òng	üàn(yuàn) ⓤ	ùn(yùn) ⓤ	

今日のドリル

聞いて、声に出して、書いてみよう！ [DL 020]

音声を聞いて声に出して発音してから、ピンインを書いてください。これを3回行いましょう。まだ学んでいない子音がついているものもありますが、耳でよく聞きながらまねして発音してみてください。

Dà bǎn 大阪 大阪			

> 日本の漢字と違う点に注意！

阪

bàng bàng táng 棒棒糖 棒付きキャンディ			

mén 门 ドア			

> 门の書き順だよ！

01 02 03 门

e

méng 萌 萌え〜			

kōng tiáo 空调 エアコン			

> 调のiの書き順だよ！

01 02 讠

e ü	yóu lè yuán			
	游乐园			
	遊園地			

ü	yùn dòng		
	运动		
	スポーツ、運動		

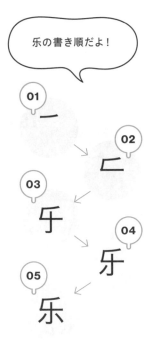

乐の書き順だよ！

01 一

02 匚

03 乒

04 乐

05 乐

DAY06

鼻母音②

鼻母音uan uang uen uengと ian iang in ing iongを学びます

今日で母音を全て学んだことになります！　中国語は母音の数が多く、特に複母音や鼻母音を発音する場合、1つの音のまとまりの中で舌や唇をスムーズに動かす必要があります。なめらかな発音のためには、母音の訓練はとても重要です。今日学ぶ9つの鼻母音は、今までのレッスンを思い出せば発音できるものばかりです。復習のつもりで取り組んでみましょう。

1 uから始まる鼻母音 DL 021

まずは「uan」「uang」「uen」「ueng」の4つの鼻母音を学びましょう。いずれも単母音uから始まるグループです。発音のコツを下の表で確認したら、ダウンロード音声を聞きながら発音してみましょう。

uan(wan※1) 単母音uの口の形から鼻母音anにつなげます。	**uang**(wang※1) 単母音uの口の形から鼻母音angにつなげます。
uen(wen※1)(-un※2) 単母音uの口の形から鼻母音enにつなげます。	**ueng**(weng※1) 単母音uの口の形から鼻母音engにつなげます。この発音の漢字は非常に少なく、また子音もつかないという「レアな音」です。

※1　子音がつかず、母音だけで1つの音となる場合は、「u」は「w」と表記するのでしたね（32ページ参照）。
※2　子音がつく場合に表記が変化します（49ページ参照）。

DAY04の三重母音「iou」「uei」に子音がつくと、表記が変わりましたよね（40ページ参照）。uenにもそれと同じような現象が起こります。例を見てみましょう。

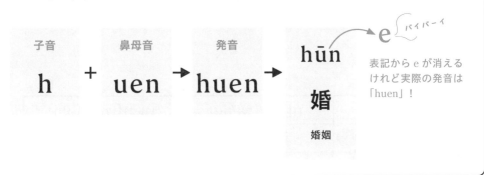

子音　　　鼻母音　　　発音

h ＋ uen → huen → hūn 婚

婚姻

表記からeが消えるけれど実際の発音は「huen」！

バイバーイ

② iから始まる鼻母音 DL 022

次は、「ian」「iang」「in」「ing」「iong」の5つの鼻母音を学びましょう。いずれも単母音「i」から始まるグループです。発音のコツを下の表で確認したら、ダウンロード音声を聞きながら発音してみましょう。

ian(yan※1)	iang(yang※1)	in(yin※2)
日本語で表記すると「いえん」に近い発音です。ローマ字読みから連想される「いあん」という音ではないので注意！	単母音iの口の形から鼻母音angにつなげます。	単母音iの口の形から、舌先で音を止めてnを発音します。

ing(ying※2)	iong(yong※1)	
単母音iの口の形から、喉の奥で音を止めてngを発音します。	単母音iの口の形から唇を丸め、鼻母音ongにつなげます。	

※1　子音がつかず、母音だけで1つの音となる場合は、「i」は「yi」と表記するのでしたね（32ページ参照）。
※2　子音がつかず、母音だけで1つの音となる場合、表記上「y」を足します（イレギュラーな表記）。

今日のドリル　聞いて、声に出してみよう！

音声を聞いたら、声に出して発音してみましょう。

DL 023

鼻母音+第1声

uān(wān)	uāng(wāng)	uēn(wēn)(-ūn)
uēng(wēng) e	iān(yān)	iāng(yāng)
īn(yīn)	īng(yīng)	iōng(yōng)

鼻母音+第2声

uán(wán)	uáng(wáng)	uén(wén)(-ún)
uéng(wéng) e	ián(yán)	iáng(yáng)
ín(yín)	íng(yíng)	ióng(yóng)

鼻母音+第3声

uǎn(wǎn)	uǎng(wǎng)	uěn(wěn)(-ǔn)
uěng(wěng) e	iǎn(yǎn)	iǎng(yǎng)
ǐn(yǐn)	ǐng(yǐng)	iǒng(yǒng)

鼻母音+第4声

uàn(wàn)	uàng(wàng)	uèn(wèn)(-ùn)
uèng(wèng) e	iàn(yàn)	iàng(yàng)
ìn(yìn)	ìng(yìng)	iòng(yòng)

今日のドリル

聞いて、声に出して、書いてみよう！

音声を聞いて声に出して発音してから、ピンインと漢字を書いてください。これを3回行いましょう。まだ学んでいない子音がついていますが、耳でよく聞きながらまねして発音してみてください。

wàn			
万 10,000			

bó wù guǎn			
博物馆 博物館			

wèn			
问 質問する			

実際の発音はluen duen

Lún dūn			
伦敦 ロンドン			

yān huā			
烟花 花火			

yáng ròu			
羊肉 羊肉			

qián 钱 お金			

qiáng 墙 壁			

ü
Yīng yǔ 英语 英語			

Dōng jīng 东京 東京			

jīn tiān 今天 今日			

xióng māo 熊猫 パンダ			

东の書き順だよ！

01 一
02 ナ
03 午
04 东
05 东

DAY07

子音① 有気音

今日のテーマは、注意が必要な子音 その1「有気音」です

母音の次は、3日にわたって子音を学んでいきます。ここまで来たら「発音の山頂」はもう少し！　今日学ぶのは、注意が必要な子音である「有気音（ゆうきおん）」です。**有気音をマスターするためのキーワードは「ゆっくり」「やさしく」です。**ヒソヒソ話をするときの要領で、息が漏れる摩擦音（まさつおん）を響かせましょう。

1 中国語の子音リスト ［DL 025］

まず、中国語の子音にはどんなものがあるのか見てみましょう。今回学ぶ「有気音」とDAY08で学ぶ「反り舌音（そりじたおん）」が、中国語らしい発音という点で学習のポイントになります。

		有気音		
しんおん 唇音	b(a)	p(a)	m(a)	f(a)
ぜっせんおん 舌尖音	d(a)	t(a)	n(a)	l(a)
ぜっこんおん 舌根音	g(a)	k(a)	h(a)	
ぜつめんおん 舌面音	j(i)	q(i)	x(i)	
ぜっせんこうおん 舌尖後音	zh(i)	ch(i)	sh(i)	r(i)
ぜっせんぜんおん 舌尖前音	z(i)	c(i)	s(i)	

反り舌音

（　　）は、発音しやすくするためにつける母音です。それぞれの子音に、発音する際に相性が良いとされる母音がついています。

例えば、b には母音 a を補っていますが、a との組み合わせだけしかないというわけではありません。ba、bei、beng など、さまざまな音が存在します。ただし、母音と子音の組み合わせによっては、「中国語としては存在しない音」もあります。詳しくは巻末付録の「ピンイン表」(260 ～ 263 ページ)をご参照ください。

表の中の囲われた部分に注目してみましょう。縦枠内の p(a)、t(a)、k(a)、q(i)、ch(i)、c(i) は有気音といいます。また、横の舌尖後音の zh(i)、ch(i)、sh(i)、r(i) は反り舌音（巻き舌音）ともいいます。

有気音と反り舌音は、発音の際に特に注意が必要な音です。有気音と反り舌音は、それぞれに発音のコツがあります。このコツが身につけば、同じグループの音を楽に発音できるようになりますよ！

② 有気音 [DL 026]

有気音はその漢字からも推察できるように、「息の摩擦音が聞こえる音」です。息が漏れる摩擦音が相手の耳に届けば、それは立派な有気音です！
有気音をうまく発音するコツは「ゆっくり」「やさしく」です。このことを頭に置きつつ、ダウンロード音声を聞きながら発音してみましょう。
なお、ch(i) は有気音で、なおかつ反り舌音という、なかなかトリッキーな音です。DAY08 で学びますので、もう少しお待ちください。

【有気音に共通の発音のコツ】
ここでは tā の音を例にしてみます。55 ページのイメージ図も参考にしながら、実際に声を出してみましょう。

①声を出さずに、ヒソヒソ話の時のように第 1 声で（たー）と言ってみましょう。これを何度か繰り返します。（たー、たー、たー、たー、たー）。
②次に、声を出して第 1 声で「あー」と言ってみましょう。
③今度は①のヒソヒソ話のときの（たー）に続けて、声が出る「あー」を言ってみましょう。このとき、息継ぎをせずに続けて一息で言います。
④このように、ヒソヒソ話の（たー）と声出しの「あー」を短くしていくと、tā が完成します。

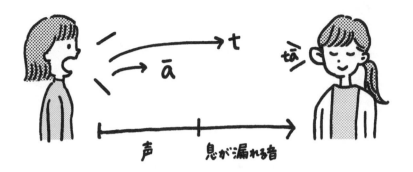

有気音は図のように、まず声の出ない息だけの子音（図の場合は「t」）が先に出ています。

その後から、声を出す音（図の場合は第1声の「a」）が追いかけてくるようなイメージです。日本語の「た」のように発音してしまわないよう、注意しましょう。

p(a)
日本語の「ぱ」とほぼ同じ口の形です。 ヒソヒソ話の（ぱ）を何回か練習してから、そっと声を出してみましょう。

t(a)
日本語の「た」とほぼ同じ口の形です。 ヒソヒソ話の（た）を何回か練習してから、そっと声を出してみましょう。

k(a)
日本語の「か」とほぼ同じ口の形です。 ヒソヒソ話の（か）を何回か練習してから、そっと声を出してみましょう。

q(i)
日本語の「ち」とほぼ同じ口の形です。 ヒソヒソ話の（ち）を何回か練習してから、そっと声を出してみましょう。

c(i)
母音に「i」がついていますが、「い」ではないので注意です。 日本語の「つ」と似ていますが、唇には力を入れず、突き出さないようにします。 ヒソヒソ話の（つ）を何回か練習してから、そっと声を出してみましょう。（DAY08 でも復習します）

 有気音のマークを紹介します。
このマークが出てきたら、有気音を意識しましょう！

今日のドリル

聞いて、声に出して、書いてみよう！① `DL 027`

今回の音声はちょっと形式が異なり、「（ぱ）（ぱ）（ぱ）pā」のように発音します。音声を聞いて、同じように声に出して発音してから、ピンインを書いてください。これを3回行いましょう。

息				
pā	tā	kā	qī	cī

今日のドリル　聞いて選んでね！ `DL 028` 解答P.247

有気音はどちらでしょうか？　当てはまるほうに丸をつけましょう。
ヒント：最初に息の音がするほうが有気音です。

① A / B
② A / B
③ A / B

今日のドリル
聞いて、声に出して、書いてみよう！② DL 029

音声を聞いて声に出して発音してから、ピンインと漢字を書いてください。これを3回行いましょう。耳でよく聞きながらまねして発音してみてください。

> 日本の漢字と
> 違う点に注意！
>
> 跑

息 | pǎo
跑
走る

息 | tóu
头
頭

息 | kǎ
卡
カード

息 | qī
七
7

息 | cài
菜
料理、おかず

息 | 実際の発音はqiou
pīng pāng qiú
乒乓球
卓球

DAY05

学習日

レッスン　　　ドリル　　　まとめ

子音②　反り舌音

今日のテーマは、注意が必要な子音その2「反り舌音」です

子音の中から、今日は「反り舌音（巻き舌音）」を学びます。日本語話者の人が苦手にすることが多い子音ですが、実は中国人でも地方によってはこの発音が苦手な人がいます。日本語にはない発音ですので、まずはどんな音なのかよく聞いてみましょう。

1 反り舌音とは

反り舌音の解説に入る前に、「中国語の子音リスト」を確認しておきましょう。

		有気音		
唇音 しんおん	b(a)	p(a)	m(a)	f(a)
舌尖音 ぜっせんおん	d(a)	t(a)	n(a)	l(a)
舌根音 ぜっこんおん	g(a)	k(a)	h(a)	
舌面音 ぜつめんおん	j(i)	q(i)	x(i)	
舌尖後音 ぜっせんこうおん	zh(i)	ch(i)	sh(i)	r(i)
舌尖前音 ぜっせんぜんおん	z(i)	c(i)	s(i)	

反り舌音

反り舌音とはその名のとおり、「舌を反らせて（巻いて）上あごに接近させて出す音」です。zhi、chi、shi、ri には母音の i がついていますが、この i は単母音（27 ページ）の i(yi) とは違う音なので注意が必要です。この i は反り舌音専用の母音で、他の子音にはつきません。「i(yi)」や日本語の「い」のような音が出ないようにすることがコツです。

② zhi chi shi ri （DL 030）

では、反り舌音とはどんな音なのでしょうか？　4 つの反り舌音をよく聞いて、口の中がどうなっているか、想像してみましょう。
口の中がどんな形になっていそうですか？　それでは、4 つの反り舌音について具体的に見ていきましょう。

今回は、いつもの整理の仕方と少し違いますよ。発音しやすい音から練習して、コツをつかんでいく方法でマスターしていきます。ダウンロード音声も聞いて確認しながら、実際に声に出して発音してみましょう。

【すべての反り舌音に共通するポイント】

①舌先を立て、スプーンのように、真ん中がくぼむ形にして上あごに近づける。手で水をすくうときの形をイメージしてもOK。

②唇は少し突き出して、アヒル口のようにする。「い」の形にしないのがポイント！

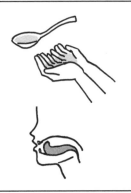

まずは、比較的発音しやすい r(i) から練習してみましょう。舌を立て、上あご（「ら」を発音する時に舌先が触れる硬い場所）に近づけます。舌の形はスプーンをイメージしますよ。真ん中をくぼませる感じにして、「りー」と言ってみましょう。スプーンの形は崩しません。この時、「い」の音はなるべく出さないように気をつけます。音声も聞いて確認しましょう。

r(i) を発音するときの舌と唇の形を基本に、他の反り舌音も発音してみましょう。この r(i) の舌と唇の形のことを、この本では「反り舌音の基本フォーム」と命名します。

zh(i) は、反り舌音の基本フォームから、さらに舌の先を少しだけ上顎につけて、「じー」と言います。

ch(i) は、反り舌音でもあり有気音でもある、ちょっとトリッキーな音です。息が漏れる摩擦音が聞こえるのがポイント。反り舌音の基本フォームから、舌の先を少しだけ上あごにつけます。そして、ヒソヒソ話の「ちー」の息の摩擦音を舌先で響かせてから、声を出します。

sh(i) は、r(i) の舌と唇の形をキープしたまま「しー」と言います。

発音のコツがつかめたでしょうか？　反り舌音について以下の表にまとめましたので、こちらでも確認してみてください。

反り舌音			
zh(i)	ch(i)	sh(i)	r(i)
反り舌音の基本フォーム（ri）で、舌先を上あごに少しつけて発音します。	反り舌音の基本フォーム（ri）で、舌先を上あごに少しつけて発音します。有気音ですので、最初に息の摩擦音を響かせます。	反り舌音の基本フォーム（ri）で、舌先と上あごの間から息の摩擦音を出します。	反り舌音の基本フォームです。舌先を上あごにかなり近づけて発音します。

反り舌音の発音がうまくいかないな……と思ったときは、【すべての反り舌音に共通するポイント】を見直しつつ、耳に焼きつけるつもりで、何度もダウンロード音声を聞き、発音してみましょう。

 反り舌音のマークを紹介します。
このマークが出てきたら、反り舌音を意識しましょう！

今日のドリル

聞いて、声に出して、書いてみよう！①

音声を聞いて、同じように声に出して発音してから、ピンインを書いてください。

舌	息		
zhī	chī	shī	rī

舌	息		
zhí	chí	shí	rí

舌	息		
zhǐ	chǐ	shǐ	rǐ

舌	息		
zhì	chì	shì	rì

今日のドリル

聞いて、声に出して、書いてみよう！②

音声を聞いて声に出して発音してから、ピンインと漢字を書いてください。これを3回行いましょう。耳でよく聞きながらまねして発音してみてください。

舌 zhī ma 芝麻 ゴマ			

舌息 chí dào 迟到 遅刻する			

舌 shí jiān 时间 時間			

舌 rì jì 日记 日記			

聞いて、声に出して、書いてみよう！③

ピンインを参考にしながら音を聞き、発音しながら2回書いてみましょう。ここまで学んだことで、こんな文も発音できるようになりましたね！

Wǒ shì Rì běn rén.
① 我 是 日 本 人。　（私は日本人です。）

_____　_____

Wǒ chī zhī ma qiú.
② 我 吃 芝 麻 球。（私はゴマ団子を食べます。）

_____　_____

 ①の文には反り舌音が３つも入っているから、日本語話者にはちょっと難しい発音だね！　でも、この本で学んでいる人には使う機会が多い表現だと思うから、しっかり発音できるように練習しよう。

DAY09

子音③　有気音、反り舌音以外の子音

今日で子音を全部学ぶことになります

今日のテーマは有気音、反り舌音以外の子音です。これで子音を全部学ぶことになります。ここまでよく頑張りましたね！　発音しやすい音が多いですが、ローマ字読みできない音もありますので、1つひとつ見ていきましょう。

1 唇音、舌尖音、舌根音 DL 034

		有気音		
唇音 しんおん	b(a)	p(a)	m(a)	f(a)
舌尖音 ぜっせんおん	d(a)	t(a)	n(a)	l(a)
舌根音 ぜっこんおん	g(a)	k(a)	h(a)	

唇音は「上下の唇や、上の前歯と下唇を使って出す音」のことです。f(a) は英語の f の発音と同じく、下唇で上の前歯のふちを少し触って（前歯のほうに下唇が迎えにいくような感じで）発音しましょう。また、舌尖音は「舌先で出す音」のことを指します。舌根音は「舌の根元が盛り上がっている状態で発音する音」です。

p(a)、t(a)、k(a) は DAY07 で学んだ有気音ですので、「息の摩擦音が聞こえる音」です。上に挙げた有気音以外の音は、基本的に日本語のローマ字読みの感覚で発音すれば通じます。

② 舌面音、舌尖前音 [DL 035]

有気音

| ぜつめんおん
舌面音 | $j(i)$ | $q(i)$ | $x(i)$ |
| ぜっせんぜんおん
舌尖前音 | $z(i)$ | $c(i)$ | $s(i)$ |

舌面音は「舌先よりも少し手前の舌の面で発音する音」、舌尖前音は「舌先と上の前歯の裏で発音する音」です。

$q(i)$、$c(i)$ については、DAY07 ですでに学びましたね、有気音ですので、「息の摩擦音が聞こえる音」です。ここでは、有気音以外の音について紹介していきます。

舌面音		舌尖前音	
$j(i)$	$x(i)$	$z(i)$	$s(i)$
日本語の「じー」よりも舌に力を入れ、「い」を強めに発音します。	日本語の「しー」よりも舌に力を入れ、「い」を強めに発音します。「スィー」のようにならないように注意しましょう。	「じー」ではないので注意しましょう！　唇を突き出さずに、自然な形で「ずー」と発音します。 舌先を上の前歯の裏に近づけて発音すると、更に中国語らしい発音になります。	「しー」ではないので注意しましょう！　唇を突き出さずに、自然な形で「すー」と発音します。 舌先を上の前歯の裏に近づけて発音すると、更に中国語らしい発音になります。

 今回学んだ子音 $z(i)$ と $s(i)$、そして DAY07 で学んだ子音 $c(i)$ はローマ字読みしにくいピンインですが、i 以外の母音がついたときは読みやすくなりますよ（例：za →「ざ」の音で OK、sa →「さ」の音で OK）。ただし、c の音は要注意！　ca は「か」ではなく、「ツァ」のような音になります。まずは zi/ci/si の音をしっかり覚えておいて、それを応用するようにすると良いでしょう。

子音 j、q、x に母音 ü(yu)、üe(yue)、üan(yuan)、ün(yun) がついたとき、表記上 ü の上の点々が取れて「u」となります。下の表を見てみましょう。

子音＼母音	ü	üe	üan	ün
n	nü	nüe		
l	lü	lüe		
j	ju	jue	juan	jun
q	qu	que	quan	qun
x	xu	xue	xuan	xun

母音 ü(yu) と üe(yue) がつく子音は、他に n と l がありますが、その場合はそのまま「ü」と書きます。

ju、qu、xu と書いてあっても、母音は「u」ではなく「ü」であることを意識して発音すると、相手に伝わりやすい発音になりますよ（トラとしては、点々をつけたままにしてほしかったな……）。

点々そのまま！

点々がとれる！

今日のドリル
聞いて、声に出して、書いてみよう！① [DL 036]

音声を聞いて、同じように声に出して発音してから、ピンインを書いてください。

jī	qī 息	xī	zī	cī 息	sī

jū ü	qū 息 ü	xū ü

今日のドリル
聞いて、声に出して、書いてみよう！② [DL 037]

音声を聞いて声に出して発音してから、ピンインと漢字を書いてください。これを3回行いましょう。耳でよく聞きながらまねして発音してみてください。

e

bái sè			
白色 白			

息

piào			
票 チケット			

mǐ fàn 米饭 白米、ご飯			

fēi jī 飞机 飛行機			

dài zi 袋子 袋			

息

tāng 汤 スープ			

nèi yī 内衣 下着			

láng 狼 オオカミ			

gōng zuò 工作 仕事、仕事する			

汤の丂の書き順だよ！

01 弓

02 丐

03 丂

息 kù zi 裤子 ズボン			

hóu zi 猴子 サル			

舌 jī ròu 鸡肉 鶏肉			

息 e qǐ'é 企鹅 ペンギン			

 「ペンギン」のピンイン qǐ'é にあるアポストロフィ（'）は、前後の音の切れ目を表しているんだ。この場合、qié と音を混同しないようにするために入っているよ。

dà xiàng 大象 ゾウ			

舌 zá zhì 杂志 雑誌			

息

cān tīng			
餐厅			
レストラン			

suān nǎi			
酸奶			
ヨーグルト			

便利な裏技！　「n」か「ng」か迷ったら……

鼻母音には「n」で終わるピンインと「ng」で終わるピンインがありましたね。発音するときやピンインを書くとき、「あれ？　どっちかな？」と迷うことがあると思います。そんなとき便利なのが、この裏技です。

迷ったら、その漢字を日本語で音読みしてみましょう。音読みしたときに「ん」で終われば、中国語のピンインは「n」で終わります。また、「ん」以外の音で終わる場合は「ng」となります。下の例を見てみましょう。

万　日本語の音読み「マン」→ wàn
羊　日本語の音読み「ヨウ」→ yáng

ごく一部の例外はありますが、この裏技はほとんどの場合に有効です。迷ったらぜひ使ってみてください。

DAY10

発音の仕上げ　母音＋子音＋声調

ピンインをすらすら声に出して読めるようになろう！

とうとう今日で第1章のゴールです！　ここまで、発音の基本を学んできましたね。そこで、今日は**今まで学習した「母音」「子音」「声調」を合体させて、ピンインを読む練習をします。**単語や文章を声に出しながら練習し、その音の特徴をとらえるコツを学びましょう。

1　「母音だけ」の単語を読んでみよう ⬚DL 038

中国語は、母音の数が多いので、覚えるまでちょっと大変だったと思います。ただ、中国語が伝わるかどうかの多くは「声調の正しさ」で決まります。ですので、声調を意識して丁寧にピンインを読むことが重要です。学習が進むにつれ、ピンインなしに、漢字だけで読めるようになりますが、今の時点ではピンインを読めればOKです。

ピンインを読むときには、その音の何をどのように注意しなければいけないのかを明確にすることで、より相手に伝わりやすい発音にすることができますよ。注意が必要な音にはマークがついていますので、参考にしてください。

では、実際に単語を読んでみましょう。だんだん難易度が上がっていきます。

音を聞いたら、ピンインを見て「母音」「声調」に分解して書いてみてください。25ページの「中国語の母音リスト」、53ページの「中国語の子音リスト」も参考にしてください。

まずは、一番シンプルなもの、「母音だけ」の単語です。

【例】

| wǎn 晚 夜、夕方 | 母音uan(wan) ＋ 声調 第3声 ＝ wǎn |

★音声を聞いてから、母音と声調を書いてみましょう。　　　　解答P.247

| ài 爱 愛、愛す | 母音　　　　＋ 声調　　　　＝ |

| yá 牙 歯 | 母音　　　　＋ 声調　　　　＝ |

2 「発音しやすい子音」と「発音しやすい母音」の組み合わせの単語を読んでみよう DL039

1と同様の方法でチャレンジ！　まず、音を聞きます。その後、ピンインを見て「子音」「母音」「声調」に分解して書いてみてください。

【例】

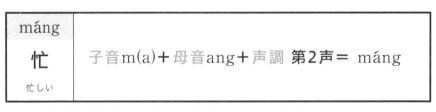

| máng 忙 忙しい | 子音m(a)＋母音ang＋声調 第2声＝ máng |

★音声を聞いてから、子音と母音と声調を書いてみましょう。　　解答P.247

| hēi 黒 黒、黒い | 子音 　 ＋母音 　 ＋声調 　 ＝ 　 |

| xīn 新 新しい | 子音 　 ＋母音 　 ＋声調 　 ＝ 　 |

③ 「発音しやすい子音」と
「注意が必要な母音」の組み合わせの
単語を読んでみよう ［DL 040］

マークを参考に、注意が必要な母音が含まれる単語で、ピンインを読む練習
をしてみましょう。まず、音を聞きます。その後、ピンインを見て「子音」「母
音」「声調」に分解して書いてみてください。

【例】

| gē 歌 歌 | （e）子音g(a)＋母音e＋声調 第1声 ＝ gē |

★音声を聞いてから、子音と母音と声調を書いてみましょう。　　解答P.247

| hē 喝 飲む | （e）子音 　 ＋母音 　 ＋声調 　 ＝ 　 |

| nǔ 女 女性の | （ü）子音 　 ＋母音 　 ＋声調 　 ＝ 　 |

4 「注意が必要な子音」と 「発音しやすい母音」の組み合わせの 単語を読んでみよう [DL 041]

次に、注意が必要な子音が含まれる単語で、ピンインを読む練習をしてみましょう。まず、音を聞きます。その後、ピンインを見て「子音」「母音」「声調」に分解して書いてみてください。

【例】

| qián 钱 お金 | 息 子音q(i)＋母音ian(yan)＋声調 第2声＝ qián |

★音声を聞いてから、子音と母音と声調を書いてみましょう。　　　解答P.247

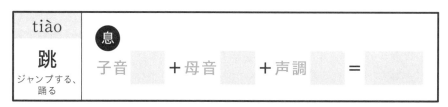

| tiào 跳 ジャンプする、踊る | 息 子音　＋母音　＋声調　＝ |

| chuān 穿 着る、はく | 舌 息 子音　＋母音　＋声調　＝ |

⑤ 「注意が必要な子音」と 「注意が必要な母音」の組み合わせの 単語を読んでみよう DL 042

ここまでいろんな組み合わせで単語を読んできましたね。最後は子音、母音とも注意が必要なものの組み合わせにチャレンジ！　日本語にはない、中国語らしい音ばかりです。これまでと同じように、まず、音を聞きます。その後、ピンインを見て「子音」「母音」「声調」に分解して書いてみてください。

【例】

 子音ch(i)は一瞬！　すぐに舌が喉の方に引っ込んで、母音eを発音するよ！

★音声を聞いてから、子音と母音と声調を書いてみましょう。　　　解答P.247

 去(qù)の母音に注意！　これはu(wu)じゃなくて、üの音だよ！（66ページ参照）

最後は少し難しかったでしょうか？　日本語では使わない口の筋肉を使う音ばかりですので、慣れるまで少し時間がかかるかもしれません。音の特徴を客観的に把握しておくことが、習得への近道となりますよ。

今日のドリル
聞いて選んでね！ DL 043

音声を聞いて、聞こえた単語に丸をつけましょう。

①

| yǔ ü 雨 | wǔ 五 | è e 饿 |

②

| kōng tiáo 息 空调 | yùn dòng ü 运动 | xióng māo 熊猫 |

③

| shí jiān 舌 时间 | fēi jī 飞机 | dài zi 袋子 |

今日のドリル
読めるかな？

声に出して読んでみましょう。また、音声を聞きながら、ポーズ部分で発音しましょう。

① yào
药
薬

② yán
盐
塩

③ là jiāo
辣椒
トウガラシ

④ mǎ lā sōng
马拉松
マラソン

⑤ cān jiā 息
参加
参加する

⑥ pá shān 息
爬山 舌
山に登る

⑦ chǒng wù 息
宠物 舌
ペット

⑧ sheng rì 舌
生日 e
誕生日

単母音 [er] とアル化について

DAY02では6つの単母音を学びましたが、**実は単母音にはもう一つ、[er] という音があります。**

中国語の「いち、に、さん」のことを、カタカナ発音で「イー、アル、サン」と覚えていた人もいるかもしれませんね。この中国語の「二」に当たる「アル」の発音が、単母音 [er] なのです。また、中国語には**単母音 [er] の音が関わる「アル化（あるか）」という現象**もありますので、一緒に見ていきましょう。

1 単母音 [er] の発音 DL 045

単母音 [er] の発音のコツは以下の通りです。ダウンロード音声を聞きながら、発音してみましょう。

> ## er
> 少しこもった「あ」のような音の後、舌先を巻き上げるように上顎に近づけ、音を変化させます。

次に、単母音 [er] が入っている単語を紹介します。[er] の音が当てられている漢字は、非常に少ないです。音声を聞きながら発音してみましょう。

èr	ér tóng	ěr duo
二	儿童	耳朵
2	児童	耳

② アル化 [DL 046]

中国語の音節の後ろに"儿"(er) がつくことを「アル化」と言います。ピンインでは [r] をつけて表します。音の最後で舌を巻き、音の終わりが「あーr」のようになります。発音する時は直前の母音と合体し、一音節として発音します。アル化は中国の北方部で多く見られる発音現象で、南方ではあまり見られません。

huār **花 儿** 花	xiǎo háir **小 孩 儿** 子供	wánr **玩 儿** 遊ぶ

"花儿"は"花"だけでも「花」としての意味を持ちますが、発音がアル化すると「お花」のように少しかわいいイメージになります。"小孩儿"も、アル化せず"小孩"(xiǎo hái) と言うこともできますが、アル化するとよりかわいい、愛らしい感じになります。

[-i][-n][-ng] がアル化する場合、[-i][-n][-ng] は発音せずに [xiǎohár][wár] のように発音します。

ややこしいかもしれませんが、アル化については地域差と個人差が大きいので、１つひとつの単語を覚えていけば大丈夫です。

第2章

会話に
つながる
基本文法

DAY11

代名詞　人称代名詞と指示代名詞

中国語の文法は「語順」がカギ！
今日は代名詞を学びます

今日から第2章ですね。この章のテーマは「会話につながる基本文法」です。**中国語の文法は、「語順」がポイントですので、その基礎をしっかり学んでいきましょう。**DAY11では、代名詞を学びます。中国語の代名詞は大きく分けて「人称代名詞」「指示代名詞」の2つがあります。

また、身の回りのものの中国語（名詞）をいくつか新しく覚えて、ピンインの復習と中国語文を作る準備をしていきましょう。

1 代名詞①　人称代名詞

まず、人称代名詞から見ていきましょう。ダウンロード音声をよく聞いて、声に出して発音して、書いてみましょう。

wǒ			
我			
私			

nǐ			
你			
あなた			

> w = u(32ページ参照)なので、鼻の下を伸ばして口をすぼめた形をしてから、発音するよ。

息 tā 他/她 彼 / 彼女			

子音 t は有気音！「彼」と「彼女」を意味する中国語は、漢字は違うけれど、発音が同じ。文脈から判断するよ。

wǒ men 我们 私たち			

nǐ men 你们 あなたたち			

第3声＋軽声の場合、軽声の音がちょっと上がるよ。

息 tā men 他们/她们 彼ら / 彼女ら			

男女ともに含まれる場合は、"他们"を使うよ。

② 代名詞② 指示代名詞 [DL 048]

次に指示代名詞の中から「これ」「あれ」に当たる中国語を学びましょう。ダウンロード音声をよく聞いて、声に出して発音して、書いてみましょう。

e 舌 zhè ge 这个 これ、この			

口語では、発音のしやすさから"这个"は [zhèi ge]、"那个"は [nèi ge] と発音することが多いよ。いろんなものを指さしながら発音してみよう！

e nà ge 那个 あれ、あの			

e 舌	zhè li **这里** ここ			

中国の東北地方では、アル化した"这儿"(zhèr)もよく使われるよ。

	nà li **那里** あそこ			

中国の東北地方では、アル化した"那儿"(nàr)もよく使われるよ。

今日のドリル

基本単語を書いてみよう DL 049

第2章では、中国語文を作る準備も兼ねて、よく使われる基本単語を紹介します。
今日は名詞です。音声を聞いて声に出して発音してから、漢字とピンインを書いてください。これを3回ずつ行いましょう。

"机"は「機」の簡体字だよ。

舌 shǒu jī			
手机			
携帯電話			

yī fu			
衣服			
服			

息 e péng you			
朋友			
友達			

miàn bāo			
面包			
パン			

舌 息 hóng chá			
红茶			
紅茶			

yīn yuè			
音乐 音楽			

māo			
猫 猫			

gǒu			
狗 犬			

音声を聞いて下の語句リストから正しい単語を選び、①〜⑤の空欄を埋めて、中国語文（漢字・ピンイン）と日本語訳を完成させてください。

DL
050

解答P.248

① Zhè shì wǒ de (　　　　　).

这 是 我 的 (　　　　　　　)。　これは私の (　　　　) です。

② (　　　　　　) zài nà li.

(　　　　　　) 在 那 里。　　(　　　　) はあそこにいます。

③ Wǒ chī (　　　　　　) miàn bāo.

我 吃 (　　　　　) 面 包。　私は (　　　) パンを食べます。

④ Wǒ xiǎng tīng (　　　　　).

我 想 听 (　　　　　)。　私は (　　　) を聞きたいです。

⑤ Nǐ yǒu (　　　　　) ma?

你 有 (　　　　) 吗?　あなたは (　　　) を持っていますか?

語句リスト

tā men	shǒu jī	yīn yuè	zhè ge	yī fu
他们	手机	音乐	这个	衣服

DAY12

基本の3文①　動詞述語文

基本の3文、1つ目は動詞述語文です

今日から本格的に「会話につながる基本文法」を1つひとつ学んでいきましょう。

中国語には、基本となる文が3種類あります。それが、今日学ぶ「動詞述語文」、そして「形容詞述語文」「動詞"是"の文」です。中国語文は、この3つの「骨幹」に、時間や場所などの要素を追加することで「肉づけ」していきますよ。それではまず、「動詞述語文」の基本を押さえましょう。

1 動詞述語文の語順 [DL 051]

動詞述語文の骨組み要素と並べる順番は、「主語（〜は）」＋「動詞（〜する）」＋「目的語（〜を）」です。この点は英語の語順と同じですね。

中国語文では、漢字の最後に「。」を、ピンインの最後に「.」をつけます。

主語	動詞	目的語
〜は	〜する	〜を

中国語には、日本語の「〜は」「〜を」のような助詞がないよ！

我	吃	这个。
Wǒ	chī	zhè ge.
私	食べる	これ

（日本語訳）私はこれを食べます。

それでは、動詞述語文の「肯定形」、「疑問形」、「否定形」を見てみましょう。

肯定形

我 吃 这个。

Wǒ　chī　zhè ge.

私　　食べる　　これ

（日本語訳）私はこれを食べます。

疑問形　"吗？"を文末につけると、相手に「はい」（Yes）／「いいえ」（No）の返答を
求めるタイプの疑問形の文になります。

你 吃 这个 吗？

Nǐ　chī　zhè ge　ma?

あなた　食べる　　これ　　（疑問）

（日本語訳）あなたはこれを食べますか？

否定形　"不"を動詞の前につけると、「～しない」という否定形の文になります。

你 不 吃 这个。

Wǒ　bù　chī　zhè ge.

私　（否定）食べる　　これ

（日本語訳）私はこれを食べません。

それでは、次に動詞 "喝"（飲む）と目的語 "红茶"（紅茶）で疑問形の中国語文と、それに対する返答の文を作ってみましょう。

你 喝 红 茶 吗?
Nǐ　hē　hóng chá　ma?

あなた　飲む　　紅茶　　（疑問）

（日本語訳）あなたは紅茶を飲みますか？

「はい」の場合 | 「いいえ」の場合

我 喝 红 茶。
Wǒ　hē　hóng chá.

（日本語訳）私は紅茶を飲みます。

我 不 喝 红 茶。
Wǒ　bù　hē　hóng chá.

（日本語訳）私は紅茶を飲みません。

 会話の場合は、"喝。""不喝。"だけでも「飲みます。」「飲みません。」を伝えられるよ！

今日のドリル
基本単語を書いてみよう [DL 052]

今日は基本動詞を紹介します。音声を聞いて声に出して発音してから、漢字とピンインを書いてください。これを3回ずつ行いましょう。

e

hē			
喝			
飲む			

舌 息

chī			
吃			
食べる			

息 ü

qù			
去			
行く			

> "去"の母音はuじゃなくてüだよ!(DAY09参照)

lái			
来			
来る			

息

kàn			
看			
見る			

息

tīng			
听			
聞く			

舌 shuō 说 言う、話す			

mǎi 买 買う			

舌 zhī dao 知道 知っている			

舌 xué Zhōng wén 学 中文 中国語を勉強する			

dǎ diàn huà 打 电 话 電話をかける			

 電話を「かける」ときは、中国語では動詞"打"を使うんだね。

聞いて、声に出して、書いてみよう！ DL 053

音声を聞き、中国語文を声に出して発音してから、中国語文とピンインを
2回ずつ書いてください。

① 你吃这个吗？
あなたはこれを食べますか？
Nǐ chī zhè ge ma?

② 我吃这个。
私はこれを食べます。
Wǒ chī zhè ge.

③ 我不吃这个。
私はこれを食べません。
Wǒ bù chī zhè ge.

④ 你喝这个吗？
あなたはこれを飲みますか？
Nǐ hē zhè ge ma?

⑤ 我喝这个。
私はこれを飲みます。
Wǒ hē zhè ge.

⑥ 我不喝这个。
私はこれを飲みません。
Wǒ bù hē zhè ge.

马の書き順だよ！

01 フ → 02 马 → 03 马

DAY11とDAY12で学んだ単語を使い、日本語を参考にして中国語文を作文しましょう。完成した中国語文は、ピンインと一緒に書き込みましょう。ダウンロード音声も参考にしてみてください。

① 私は音楽を聞きます。

ピンイン			.
中国語			。
日本語	私	聞く	音楽

② あなたは音楽を聞きますか？

ピンイン				？
中国語				？
日本語	あなた	聞く	音楽	（疑問）

③ 私は音楽を聞きません。

ピンイン				.
中国語				。
日本語	私	（否定）	聞く	音楽

④ 彼はこのパンを食べます。

ピンイン				.
中国語				。
日本語	彼	食べる	これ、この	パン

⑤ 彼はこのパンを食べますか？

ピンイン					？
中国語					？
日本語	彼	食べる	これ、この	パン	（疑問）

⑥ 彼はこのパンを食べません。

ピンイン					.
中国語					。
日本語	彼	（否定）	食べる	これ、この	パン

⑦ 彼女はここに来ますか？

ピンイン				？
中国語				？
日本語	彼女	来る	ここ	（疑問）

⑧ 彼は中国語を学びます。

ピンイン			.
中国語			。
日本語	彼	学ぶ	中国語

声調の変化　**第3声と"不"の変調**

変調のパターンをつかもう

基本の3文を学び始めたところですが、ここで学習上大事なテーマである「変調」を学んでおきましょう。

中国語は、いくつかの決まったパターンで、声調が変化します。これを「変調」と言います。「第1章でせっかく覚えたのに、まさか変調するものがあるなんて……」とがっかりしてしまうかもしれませんが、変化にはパターンがありますので、心配ご無用です。「メインの変調2パターン、おまけの変調1パターン」のイメージで捉えておけばOK。今日は使う頻度が高い「メインの変調2パターン」を学習しましょう。音読練習をすれば、自然に身につきますので大丈夫！　肩の力を抜いて、一緒に見てみましょう。

1 メインの変調①
第3声＋第3声→第2声＋第3声 DL 055

第3声はとても低い音です。この第3声が連続すると、音が低すぎて発音するのが苦しいので、自然と前の音節（漢字の音）が第2声に変調します（ただし、ピンインの表記自体は変化せず、音だけが変化します）。「你好（nǐhǎo：こんにちは）」を例に確認してみましょう。

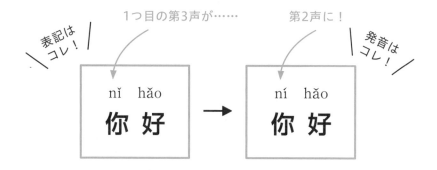

"你"(nǐ：あなた)と"好"(hǎo：良い)はどちらも第3声の漢字です。この2つの漢字を連続して"你好"と言う場合、ピンインの表記は nǐhǎo ですが、実際の発音は níhǎo となります。

"我"(wǒ：私)や"你"(nǐ：あなた)は、文の最初に来ることが多い第3声の単語です。そのため、後ろに第3声の漢字が来る場合は、"我"や"你"の声調が第2声に変調します。このパターンの代表例として"你好"のイントネーションを覚えておくといいですよ。

② メインの変調② "不"の後ろに来る第4声に注意 DL 056

否定を表す"不"は、単独で使うか、あるいは後ろにどの声調の漢字が来るかによって、変調します。

【1文字で使う場合】

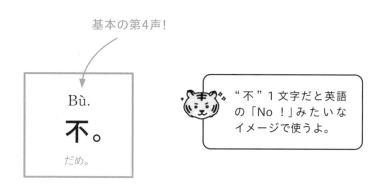

"不"1文字だと英語の「No！」みたいなイメージで使うよ。

【後ろに第1声、第2声、第3声の漢字が来る場合】

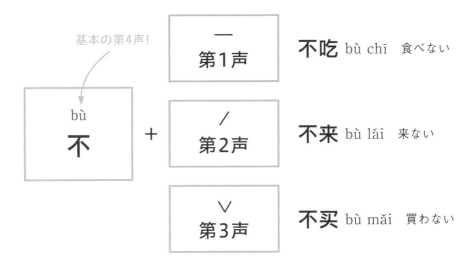

基本の第4声！

bù
不

＋

一
第1声

不吃 bù chī 食べない

／
第2声

不来 bù lái 来ない

∨
第3声

不买 bù mǎi 買わない

【後ろに第4声の漢字が来る場合】
※ピンインの表記も変わるので、そのまま読めばOK！

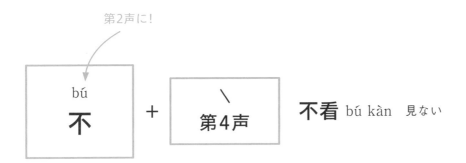

第2声に！

bú
不

＋

＼
第4声

不看 bú kàn 見ない

たとえば、「不去（行かない）」のピンインはどうなるでしょうか？ "去" は第4声で「qù」。従って、"不去" のピンインは「bú qù」となります。

今日のドリル　聞いて書いてね！

音声を聞いて、第2声＋第3声で発音しながら、ピンインと漢字を書き取ってみましょう。

DL 057

① | Nǐ hǎo. | | | |
|---|---|---|---|
| 你 好。 | | | |
| こんにちは。 | | | |

② | Wǒ mǎi. | | | |
|---|---|---|---|
| 我 买。 | | | |
| 私は買います。 | | | |

③ | xǐ zǎo | | | |
|---|---|---|---|
| 洗 澡 | | | |
| シャワーを浴びる | | | |

④ | shǒu biǎo | | | |
|---|---|---|---|
| 手 表 | | | |
| 腕時計 | | | |

⑤ | bú kàn | | | |
|---|---|---|---|
| 不 看 | | | |
| 見ない | | | |

⑥ | bú qù | | | |
|---|---|---|---|
| 不 去 | | | |
| 行かない | | | |

音声を聞き、中国語文を書き取ってみましょう。ピンインはなぞり書きしましょう。日本語も参考にしてみてください。

① あなたはこれを買いますか？

ピンイン	Nǐ	mǎi	zhè ge	ma ?
中国語				?
日本語	あなた	買う	これ	（疑問）

② 私はこれを買います。

ピンイン	Wǒ	mǎi	zhè ge.	
中国語			。	
日本語	私	買う	これ	

3声＋3声の変調に注意！

③ 私はこれを買いません。

ピンイン	Wǒ	bù	mǎi	zhè ge.
中国語				。
日本語	私	（否定）	買う	これ

④ 彼は中国に行きます。

ピンイン	Tā	qù	Zhōng guó.
中国語			。
日本語	彼	行く	中国

⑤ 彼は中国に行きますか？

ピンイン	Tā	qù	Zhōng guó	ma ?
中国語				?
日本語	彼	行く	中国	（疑問）

⑥ 彼は中国に行きません。

ピンイン	Tā	bú	qù	Zhōng guó.
中国語				。
日本語	彼	（否定）	行く	中国

否定「不」の変調に注意！

基本の3文② 形容詞述語文

基本の3文、2つ目は
形容詞述語文です

今日は「基本の3文」の2つ目、「形容詞述語文」の作り方を学びます。形容詞述語文の肯定形は程度を表す副詞（程度副詞）と組み合わせるなど、「中国語ならではの特徴」もありますよ。1つひとつ、ステップアップ！　しっかり学んでいきましょう！

① 形容詞述語文の語順 [DL 059]

形容詞述語文の骨組み要素と並べる順番は、以下の通りです。「肯定形」「疑問形」「否定形」の3つの形をみてみましょう。

肯定形

中　文　很　难。
Zhōng wén 　hěn 　nán.
中国語　　（程度副詞）　難しい

（日本語訳）中国語は難しいです。

肯定形には程度
副詞 " 很 " をつ
けるよ！

疑問形　"吗? "を文末につけると、相手に返答を求めるタイプの疑問形になります。そして"很"は消えます。

中　文　难　吗?
Zhōng wén 　nán 　ma?
中国語　　難しい　（疑問）

（日本語訳）中国語は難しいですか？

"不"を形容詞の前につけると、「～くない」という否定形になります。
そして"很"は消えます。

中 文 不 难。

Zhōng wén　　bù　　nán.

中国語　　（否定）　　難しい

（日本語訳）中国語は難しくありません。

"中文很难。"を、程度副詞"很"を取って"中文难。"と言った場合、どんな違いがあるのでしょうか。

形容詞の前に"很"などの程度副詞をつけずに使うと、何かと比較しているニュアンスになります。そのため、"中文难。"の場合であれば、「（英語は簡単だけど）中国語は難しいね。」といった意味合いを持ちます。

シンプルに「中国語って難しいね！」と伝えたい場合は、"很"をつければOK です。

なお、"很"に当たる日本語訳は特にはありませんが、強調して言えば、「とても」「すごく」などの意味をつけ加えることができますよ。

程度副詞いろいろ

"很"以外にも程度を表す副詞である「程度副詞」はたくさんあります。
会話によく使われる程度副詞をご紹介します。

非常　fēi cháng：非常に、とても
比较　bǐ jiào：わりと、比較的
超　chāo：とても、超～
真　zhēn：本当に
太　tài：～すぎる（「太＋形容詞＋了（le）」の形でよく使われる）

それでは、次に"这个"(これ)と形容詞"辣"(辛い)で疑問形の中国語文と、それに対する返答の文を作ってみましょう。

这 个 辣 吗?
Zhè ge là ma?
これ　辛い　(疑問)

(日本語訳)これは辛いですか?

会話の場合は、"很辣。""不辣。"だけでも「辛いです。」「辛くないです。」を伝えられるよ!

「はい」の場合

这 个 很 辣。
Zhè ge hěn là.
(日本語訳)これは辛いです。

「いいえ」の場合

这 个 不 辣。
Zhè ge bú là.
(日本語訳)これは辛くありません。

形容詞述語文のポイントだよ!
・形容詞述語文の肯定形には、"很"などの程度副詞をつける。
・程度副詞の次には形容詞が来る。
・疑問形や否定形の場合は、"很"などの程度副詞は基本的につかない。

今日のドリル　基本単語を書いてみよう

今日は基本の形容詞を紹介します。音声を聞いて声に出して発音してから、漢字とピンインを書いてください。これを3回ずつ行いましょう。

DL 060

①
hǎo			
好			
良い			

②
dà			
大			
大きい			

③
xiǎo			
小			
小さい			

④
duō			
多			
多い			

 母音に注意！uからoへ、口が広がっていくイメージで！

⑤ 舌
shǎo			
少			
少ない			

"小"(xiǎo)との発音の違いに注意！　こちらは反り舌音だよ。

⑥
guì			
贵			
価格が高い			

実際の発音は[guei]だよ。

⑦ 息	pián yi 便宜 安い			

⑧ 舌 e	rè 热 暑い			

⑨ e	lěng 冷 寒い			

⑩	nán 难 難しい			

⑪ 息	hǎo kàn 好看 きれい、おもしろい			

「形容詞"好"＋動詞」で形容詞となるものがいくつあるよ。
形容詞"好"は「良い」の意味だから、"好看"＝「見て、いいなと思う」、"好吃"＝「食べて、いいなと思う」、"好听"＝聞いて、いいなと思う」と考えればOK！

⑫ 舌 息	hǎo chī 好吃 おいしい			

⑬ 息	hǎo tīng 好听 音楽、歌がいい			

⑭	là			
	辣			
	辛い			

⑮ 息	tián			
	甜			
	甘い			

表情や身振りを大袈裟に！

おいしいものを食べて「すごくおいしい！」と伝えたいとき、日本語では「すっごくおいしい！」と言ったりしますね。中国語でも同じように、"很好吃！"（hěn hǎo chī!）の"很"を強調して、heen のように少し伸ばして言うと「すっごくおいしい！」を表現できます。言葉に合わせて表情もにこやかになります。

"非常"（fēi cháng：非常に）といった言葉を使うときも、日本語で話すとき以上に表情豊かにすると、彩り豊かに伝えることができますよ。ただし、声調は崩さないようにしましょうね！

表情豊かな中国語を話すための練習には、ドラマや映画の登場人物の真似をするのが一番！　教科書の中国語も、台本だと思って読むと楽しくなりますよ。

今日のドリル

聞いて、声に出して、書いてみよう！

DL
061

音声を聞き、中国語文を声に出して発音してから、中国語文とピンインを
2回ずつ書いてください。

①

Jīn tiān hěn lěng. **今天很冷。** 今日は寒いです。		

 "很冷"は「第3声＋第3声」の変調に注意！

②

Jīn tiān lěng ma? **今天冷吗？** 今日は寒いですか？		

③

Jīn tiān bù lěng. **今天不冷。** 今日は寒くありません。		

音声を聞き、中国語文を書き取ってみましょう。ピンインはなぞり書きしましょう。日本語も参考にしてみてください。

① これは安いですか？

ピンイン	Zhè ge	pián yi	ma?
中国語			?
日本語	これ	安い	（疑問）

② これは安いです。

ピンイン	Zhè ge	hěn	pián yi.
中国語			。
日本語	これ	程度副詞"很"	安い

③ これは安くありません。

ピンイン	Zhè ge	bù	pián yi.
中国語			。
日本語	これ	（否定）	安い

④ このパンはおいしいですか？

ピンイン	Zhè ge	miàn bāo	hǎo chī	ma?
中国語				?
日本語	これ	パン	おいしい	（疑問）

⑤ このパンはおいしいです。

ピンイン	Zhè ge	miàn bāo	hěn	hǎo chī.
中国語				。
日本語	これ	パン	程度副詞"很"	おいしい

 "很好吃"は「第3声＋第3声」の変調に注意！

⑥ このパンはおいしくありません。

ピンイン	Zhè ge	miàn bāo	bù	hǎo chī.
中国語				。
日本語	これ	パン	（否定）	おいしい

⑦ 中国語は難しいですか？

ピンイン	Zhōng wén	nán	ma?
中国語			？
日本語	中国語	難しい	（疑問）

⑧ 中国語は難しいです。

ピンイン	Zhōng wén	hěn	nán.
中国語			。
日本語	中国語	程度副詞 "很"	難しい

⑨ 中国語は難しくありません。

ピンイン	Zhōng wén	bù	nán.
中国語			。
日本語	中国語	（否定）	難しい

⑩ この携帯電話は（価格が）高いですか？

ピンイン	Zhè ge	shǒu jī	guì	ma?
中国語				？
日本語	これ	携帯電話	（価格が）高い	（疑問）

⑪ この携帯電話は（価格が）高いです。

ピンイン	Zhè ge	shǒu jī	hěn	guì.
中国語				。
日本語	これ	携帯電話	程度副詞 "很"	（価格が）高い

⑫ この携帯電話は（価格が）高くありません。

ピンイン	Zhè ge	shǒu jī	bú	guì.
中国語				。
日本語	これ	携帯電話	（否定）	（価格が）高い

ここで復習！「第3声＋第3声→第2声＋第3声」の変調

形容詞述語文をつくるとき、"很"（hěn）がつくことが多いことを学びましたが、"很"は第3声。ということは、次に第3声の漢字が来た場合、第2声に変調するのです。

登場頻度が高い変調ですので、「第3声＋第3声→第2声＋第3声」というルールは、頭の片隅に置いておいてください。まずは音に慣れることを優先しましょう！

「今日のドリル　基本単語を書いてみよう」で学んだ形容詞のうち、"很"をつけると「第3声＋第3声→第2声＋第3声」となるものは以下の通りです。音を聞きながら発音してみましょう。

DL
063

hěn hǎo	hěn xiǎo	hěn shǎo	hěn lěng
很好	很小	很少	很冷
（とても）良い	（とても）小さい	（とても）少ない	（とても）寒い

基本の3文③　**動詞"是"の文**

基本の3文、3つ目は動詞 "是" を使った文です

いよいよ「基本の3文」も3つ目になります。今日は、動詞"是"の使い方を学習します。この"是"という動詞は、たとえば"吃"(chī：食べる)や"看"(kàn：見る)といった普通の動詞とは異なり、直接的な意味は持ちません。
それでは、詳しく見ていきましょう。

1 動詞"是"の文の語順 DL 064

動詞"是"の文の骨組み要素と並べる順番は、動詞述語文と同じく「主語（〜は）」＋「動詞"是"（＝の意味）」＋「目的語（名詞）」です。

主語	動詞"是"	目的語
〜は	＝	(名詞)

我	是	日本人。
Wǒ	shì	Rì běn rén.
私	＝	日本人

（日本語訳）私は日本人です。

それでは、動詞"是"の文の「肯定形」、「疑問形」、「否定形」を見てみましょう。

肯定形

我 是 日 本 人。

Wǒ shì Rì běn rén.

私 ＝ 日本人

（日本語訳）私は日本人です。

疑問形 "吗?" を文末につけると、相手に「はい」（Yes）／「いいえ」（No）の返答を求めるタイプの疑問形になります。

你 是 日 本 人 吗?

Nǐ shì Rì běn rén ma?

あなた ＝ 日本人 （疑問）

（日本語訳）あなたは日本人ですか？

否定形 "不" を動詞 "是" の前につけると、「〜しない」という否定形になります。

我 不 是 日 本 人。

Wǒ bú shì Rì běn rén.

私 （否定） ＝ 日本人

（日本語訳）私は日本人ではありません。

 "不是" は "不" ＋第4声で声調が変わることに注意。音をそのまま覚えてしまいましょう！

ここまで見ると、「あれ？ 英語の be 動詞と同じかな？」と思うかもしれません。ここで、形容詞述語文を思い出してみてください。形容詞述語文には動詞 "是" はつきませんでしたね。英語の be 動詞は形容詞にもつきますので、中国語の動詞 "是" とは異なることが分かります。

「私は日本人です。」を中国語で表現しようとして "我日本人。" とするとどうでしょうか。"我日本人。" には動詞も形容詞もないので、文が成立しません。そのため、イコールの意味を持つ動詞 "是" を使って、「私＝日本人」という文章を完成させます。したがって、「私は日本人です。」は "我是日本人。" となります。

それでは、次に主語 "这个"（zhè ge：これ）と目的語 "红茶 "（hóng chá：紅茶）で動詞 "是" の文の中国語文と、それに対する返答の文を作ってみましょう。

这 个 是 红 茶 吗?

Zhè ge shì hóng chá ma?

これ ＝ 紅茶 (疑問)

（日本語訳）これは紅茶ですか？

"这个"が"是"の前に来る場合、"个"を略して"这是〜"と言うことも多いよ！（「今日のドリル」も確認してね）

「はい」の場合

这 个 是 红 茶。

Zhè ge shì hóng chá.

（日本語訳）これは紅茶です。

会話の場合は、"是。""不是。"だけでも Yes/No を伝えられるよ！

「いいえ」の場合

这 个 不 是 红 茶。

Zhè ge bú shì hóng chá.

（日本語訳）これは紅茶ではありません。

今日のドリル　基本単語を書いてみよう

今日は、国や地域を中国語でどう書くか紹介します。音声を聞いて声に出して発音してから、漢字とピンインを書いてください。これを3回ずつ行いましょう。

DL 065

① 舌

Rì běn

日本

日本

後ろに "人"(rén) をつけると「～人」という意味になるよ！

② 舌

Zhōng guó

中国

中国

③

Dōng jīng

东京

東京

④

Dà bǎn

大阪

大阪

⑤

Běi hǎi dào

北海道

北海道

⑥

Běi jīng

北京

北京

⑦ 舌	Shàng hǎi 上海 上海			

① Nǐ shì Rì běn rén ma?

你是日本人吗？

あなたは日本人ですか？

② Wǒ shì Rì běn rén.

我是日本人。

私は日本人です。

③ Wǒ bú shì Rì běn rén.

我不是日本人。

私は日本人ではありません。

④ Zhè shì hóng chá ma?

这是红茶吗？

これは紅茶ですか？

⑤ Zhè shì hóng chá.

这是红茶。

これは紅茶です。

⑥ Zhè bú shì hóng chá.

这不是红茶。

これは紅茶ではありません。

今日のドリル　書き取ってみよう！

 DL 067　解答P.248

音声を聞き、中国語文を書き取ってみましょう。ピンインはなぞり書きしましょう。日本語も参考にしてみてください。

① 彼は中国人ですか？

ピンイン	Tā	shì	Zhōng guó rén	ma?
中国語				？
日本語	彼	（＝）	中国人	（疑問）

② 彼は中国人です。

ピンイン	Tā	shì	Zhōng guó rén.
中国語			。
日本語	彼	（＝）	中国人

③ 彼は中国人ではありません。

ピンイン	Tā	bú	shì	Zhōng guó rén.
中国語				。
日本語	彼	（否定）	（＝）	中国人

④ これは日本茶ですか？　　※日本茶は "日本茶"（Rì běn chá）でOK！

ピンイン	Zhè	shì	Rì běn chá	ma?
中国語				？
日本語	これ	（＝）	日本茶	（疑問）

⑤ これは日本茶です。

ピンイン	Zhè	shì	Rì běn chá.
中国語			。
日本語	これ	（＝）	日本茶

⑥ これは日本茶ではありません。

ピンイン	Zhè	bú	shì	Rì běn chá.
中国語				。
日本語	これ	（否定）	（＝）	日本茶

絵に合わせて文を完成してみよう！

DL 068 解答P.248

下の語句リストから正しい単語を選び、絵に合わせて「これは○○です。」に当たる中国語文を完成させ、発音しましょう。知らない単語を漢字や音から想像してみましょう！

Zhè shì shén me?

这 是 什 么? これは何ですか？

Zhè shì

这 是 ⬚ 。 これは○○です。

"什么？"は「何ですか？」だよ！

① 这 是 ⬚ 。

② 这 是 ⬚ 。

③ 这 是 ⬚ 。

④ 这 是 ⬚ 。

⑤ 这 是 ⬚ 。

⑥ 这 是 ⬚ 。

語句リスト

jiè zhi	cí diǎn	xióng māo	xiāng cài	ná tiě	bāo zi
戒 指	词 典	熊 猫	香 菜	拿 铁	包 子

もう1つの疑問形「反復疑問文」

これまでに疑問形 "〜吗?" を学びましたが、中国語にはもう1つ疑問形の作り方があります。

それは "吃不吃?" "看不看?" "来不来?" のように、肯定形と否定形を1文の中で続けて言うことで、相手に尋ねる形です。日本語にそのまま訳すと「食べるの？　食べないの？」と聞いているように聞こえ、もしかしたら圧が強いのではないかと思うかもしれませんが、ニュアンスは "〜吗?" とほとんど変わりません。例文を見てみましょう。

【例文】

反復疑問文のときの "不" は軽声になるよ。

你 冷 不 冷?

Nǐ lěng bu lěng?

(日本語訳)寒いですか？

※ "你冷吗?" とほぼ同じニュアンス

明 天 他 去 不 去 游 乐 园?

Míng tiān tā qù bu qù yóu lè yuán?

(日本語訳)明日、彼は遊園地に行きますか？

※ "明天他去游乐园吗?" とほぼ同じニュアンス

她 是 不 是 美 国 人?

Tā shì bu shì Měi guó rén?

(日本語訳)彼女はアメリカ人ですか？

※ "她是美国人吗?" とほぼ同じニュアンス

DAY 16

まとめ　確認問題

ここまでの内容の理解度をチェック！

第２章に入り、「代名詞」や「基本の３文」、「声調の変化（変調）」について学んできましたが、学習内容はしっかり定着していますでしょうか。確認問題を通じて、ここまでの内容の理解度をチェックしてみましょう。**手や耳、口を動かして取り組んでみてください。**

今日のドリル　「代名詞」の表を完成させよう！

下の表は、「人称代名詞」「指示代名詞」の表です。空欄にピンインを書き込み、代名詞の表を完成させましょう。音声を聞いて参考にしてもいいですね。

DL
070

解答P.249

① 人称代名詞

	1人称	2人称	3人称	
			男性	女性
単数	我 私	你 あなた	他 彼	她 彼女
複数	我们 私たち	你们 あなたたち	他们 彼ら	她们 彼女ら

② 指示代名詞

	近称	遠称
もの	这个 これ、この	那个 あれ、あの
場所	（　　　） 这里（这儿） ここ	（　　　） 那里（那儿） あそこ

今日のドリル　当てはまる漢字は？ 〔DL 071〕 解答P.249

ある漢字が共通で使われている単語が並んでいます。空欄に、当てはまる漢字と、ピンインを書き込んでください。まだ学んでいない単語も含まれていますが、日本語訳を参考にしながら、どの漢字を入れるといいか類推してみましょう。

※問題作成の都合上、ピンインは全て小文字になっています。

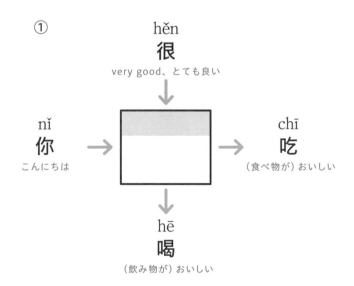

①
hěn
很
very good、とても良い

nǐ
你
こんにちは　→　□　→　chī
吃
（食べ物が）おいしい

↓

hē
喝
（飲み物が）おいしい

②

chōng
充
充電

tíng
停
停電
→ [   ] →
shì
视
テレビ

↓

huà
话
電話

③

jǔ
举
挙手

èr
二
中古の
→ [   ] →
biǎo
表
腕時計

↓

jī
机
携帯電話

④

rì
日
日中、日本と中国

gāo
高
高校
→ [   ] →
guó
国
中国

↓

wén
文
中国語

今日のドリル
「基本の3文」を完成させよう！

DL 072　解答P.249

下の表は、「基本の3文」のいずれかで構成されています。日本語訳を参考にして空欄に漢字を書き込み、表を完成させましょう。音声を聞いて参考にしてもいいですね。

① 動詞述語文の反復疑問文

主語	動詞	（否定）	動詞	目的語
				？
日本語訳：彼は中国語を勉強しますか？				

② 動詞 "是" の文の肯定形

主語	（＝）	目的語
		。
日本語訳：あれはパクチーです。		

③ 形容詞述語文の肯定形

主語	"很"	形容詞
		。
日本語訳：指輪は（値段が）高いです。		

 形容詞述語文の肯定形には "很" を入れよう！

④ 動詞 "是" の文の疑問形

主語	（＝）	目的語	（疑問）
			？
日本語訳：あれはパクチーですか？			

DAY17

疑問詞疑問文　「何」「どこ」「誰」「どう」を尋ねる

疑問詞を使った疑問文を学びます

これまで、疑問形は返答が「はい（Yes）/ いいえ（No）」になる "〜吗？" と、反復疑問文（"是不是？" などの形）を学んできましたね。今日は一歩進んで、"什么" や "哪里" をはじめとした疑問詞を使って尋ねる「疑問詞疑問文」を学びます。具体的なものや場所を聞くことができるので、今まで以上に会話の幅が広がりますよ！

① 4つの疑問詞と文の作り方 [DL 073]

今日学ぶ疑問詞は4つあります。これらの疑問詞で「何」「どこ」「誰」「どう」を尋ねられるようになりますよ。下の表を見てください。

中国語	意味	何について聞きたいか
shén me 什么	何	名詞（ものなど）
実際の発音は[ná li] nǎ li（nǎr） 哪里（哪儿）	どこ	場所
shéi 谁	誰	人
zěn me yàng 怎么样	どう	形容詞

中国の東北地方では、アル化した "哪儿" もよく使われるよ。

"哪里" の "里" は軽声だけど、元々の発音は第3声（lǐ）なんだ。その影響で、「第3声＋第3声＝第2声＋第3声」の変調が起こって、"哪" が第2声になっているんだよ！

次に疑問詞疑問文の作り方を見てみましょう。

主語 ～は	動詞 ～する	疑問詞 什么
你 Nǐ あなた	吃 chī 食べる	什么？ shén me? 何

（日本語訳）あなたは何を食べますか？

"什么"の位置に注目しましょう。英語では what や when などの疑問詞は文頭に来ますが、中国語の疑問詞は語順の入れ替えがありません。肯定形の骨組みをベースに「聞きたいこと」の部分を疑問詞に入れ替えれば OK です。

この疑問文に答える会話文を見てみましょう。

Nǐ　chī　shén　me?
你 吃 什么？　　あなたは / 何を / 食べますか？

Wǒ　chī　miàn　bāo.
我 吃 面 包。　　私は / パンを / 食べます。

日本語も中国語も、「何を（什么）」と「パンを（面包）」の位置が変わっていませんね。日本語と中国語はこんなところもよく似ています。

今日のドリル　文を完成させよう！①

【例】を参考にして、中国語文の下線部を適切な疑問詞に変え、疑問詞疑問文を作ってみましょう。日本語訳も確認しながら書いてみてください。

解答 P.249

【例】　Wǒ chī miàn bāo.
　　　我 吃 面 包。　私はパンを食べます。
　　　　Nǐ chī shén me?
　　→ 你 吃 什 么?　あなたは何を食べますか?

① 　Tā kàn diàn shì jù.
　　 他 看 电 视 剧。　彼はドラマを見ます。

　　→ _____?　彼は何を見ますか?

② 　Wǒ qù xǐ shǒu jiān.
　　 我 去 洗 手 间。　私はお手洗いに行きます。

　　→ _____?　あなたはどこに行きますか?

③ 　Tā mǎi zhè ge shǒu jī.
　　 她 买 这 个 手 机。　彼女はこの携帯電話を買います。

　　→ _____?　彼女は何を買いますか?

④ 　Zhè ge cài hěn hǎo chī!
　　 这 个 菜 很 好 吃!　この料理はおいしいです!

　　→ _____　この料理はどうですか?

疑問形の場合は、
"很"はなくてOK！

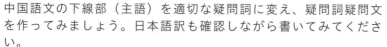

今日のドリル　文を完成させよう！②

中国語文の下線部（主語）を適切な疑問詞に変え、疑問詞疑問文を作ってみましょう。日本語訳も確認しながら書いてみてください。

解答 P.249

① Nà li yǒu piào.
那 里 有 票。 あそこにチケットがあります。

→ ＿＿＿＿＿＿＿＿＿＿＿＿＿＿＿＿ ？ どこにチケットがありますか？

② Nà li shì pāi zhào shèng dì.
那 里 是 拍 照 胜 地。 あそこがフォトスポットです。

→ ＿＿＿＿＿＿＿＿＿＿＿＿＿＿＿＿ ？ どこがフォトスポットですか？

【単語】拍照胜地　pāi zhào shèng dì：フォトスポット

③ Tā shì Dà bǎn rén.
他 是 大 阪 人。 彼が大阪人です。

→ ＿＿＿＿＿＿＿＿＿＿＿＿＿＿＿＿ ？ 誰が大阪人ですか？

④ Tā mǎi zhè ge shǒu jī.
她 买 这 个 手 机。 彼女がこの携帯電話を買います。

→ ＿＿＿＿＿＿＿＿＿＿＿＿＿＿＿＿ 誰がこの携帯電話を買いますか？

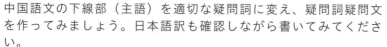

DAY15

数字を使った表現　**数字と日づけ・曜日・時刻の言い方**

「何月何日何曜日、何時何分」が言えるようになる！

「会話につながる基本文法」もいよいよ後半戦！　今日は、さらに言いたいことの幅が広がる表現を学びます。数字の言い方、そして日づけ・曜日・時刻の言い方がテーマです。明日の予定も、来年の予定も、これでバッチリ表現できますね！

1 中国語の数字 [DL 076]

まずは数字の言い方から学びましょう。下の表を見てください。片手で1から10まで数えるときの便利なジェスチャーも、写真で確認しておきましょう。

中国語	ジェスチャー	中国語	ジェスチャー
líng **零** 0	なし	sān **三** 3	
yī **一** 1		sì **四** 4	
èr **二** 2		wǔ **五** 5	

どちらを使ってもOK！

中国語	ジェスチャー
liù 六 6	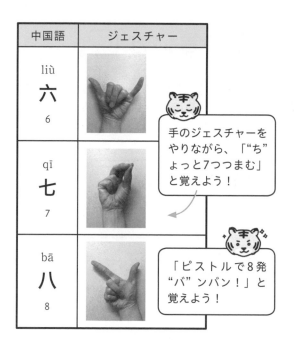
qī 七 7	
bā 八 8	

中国語	ジェスチャー
jiǔ 九 9	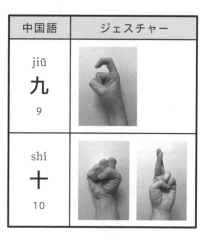
shí 十 10	

手のジェスチャーをやりながら、「"ち"ょっと7つつまむ」と覚えよう！

「ピストルで8発"バ"ンバン！」と覚えよう！

11 以上の数字も、日本語の漢数字と同じように表記します。99 までの数字のうち、例を見てみましょう。

shí yī 十 一 11	shí 'èr 十 二 12	èr shí 二 十 20	èr shí wǔ 二 十 五 25
sān shí 三 十 30	sān shí bā 三 十 八 38	liù shí qī 六 十 七 67	jiǔ shí jiǔ 九 十 九 99

数字の間の"十"は軽声になることが多いよ！

100 ～ 199 は頭に"一"をつけて表記します。また 2 桁目が 0 のときは"零"を入れます。3 桁の数字の例を見てみましょう。

yì bǎi 一 百 100	yì bǎi líng yī 一 百 零 一 101
sì bǎi jiǔ shí 'èr 四 百 九 十 二 492	wǔ bǎi sān shí liù 五 百 三 十 六 536

"一"は後ろに第1声、第2声、第3声が来た時は第4声に変調するんだ。159ページで詳しく学習するよ。

② 日づけ・曜日・時刻の言い方 [DL 077]

中国語で数字を使う表現と言えば、「日づけ」や「曜日」、「時刻」が挙げられます。中国語では曜日にも数字を使うというのも、日本語との違いが感じられて面白いですね。まずは例文を見ていきましょう。

èr líng èr sān nián **二 零 二 三 年** 2023年	「2023」年であれば「に・ぜろ・に・さん年」のように、数字を1字ずつ読めばOKです。
shí ʼ èr yuè èr shí sì hào **十 二 月 二 十 四 号** 12月24日	「○○日」の部分は、"日"(rì)とも言いますが、話し言葉の場合は"号"(hào)を使うことが多いです。
xīng qī wǔ **星 期 五** 金曜日	中国語では曜日も数字で表現します。月曜日は"星期一"(xīng qī yī)、そこから順番に数字部分が変わります。土曜日は"星期六"(xīng qī liù)。日曜日だけは数字ではなく"星期天"(xīng qī tiān)または"星期日"(xīng qī rì)といいます。
liǎng diǎn sān shí fēn bàn **两 点 三 十 分（半）** 2時30分（半）	時刻の「○時」は"○点"(diǎn)と言います。なお、「○時30分」は日本語と同じように"半"(bàn)と表現してもOKです。 なお、2時を表すときは、「2」は"二"ではなく、"两"(liǎng)を使います。（"两"については157、158ページ参照）

 「午前」は"上午"(shàng wǔ)、「午後」は"下午"(xià wǔ)。時刻を言うときに組み合わせて使ってみてね！

今日のドリル　曜日と時間を書いてみよう

曜日の言い方と時間の言い方を書きながら確認します。
発音を聞き、声に出して中国語を書いてください。

DL
078

【曜日】

xīng qī yī	
星　期　一	
月曜日	

xīng qī ʼèr	
星　期　二	
火曜日	

xīng qī sān	
星　期　三	
水曜日	

xīng qī sì	
星　期　四	
木曜日	

xīng qī wǔ	
星　期　五	
金曜日	

xīng qī liù	
星　期　六	
土曜日	

xīng qī tiān	
星　期　天	
日曜日	

xīng qī rì	
星　期　日	
日曜日	

【時間】

shí ʼèr diǎn sì shí wǔ fēn	
十　二　点　四　十　五　分	
12時45分	

xià wǔ sān diǎn bàn	
下　午　三　点　半	
午後3時半	

③ 数字を尋ねるときの疑問詞 [DL 079]

中国語には数字を尋ねるときの疑問詞 "几"（jǐ）があります。数字について尋ねるときは「聞きたいこと」の部分を疑問詞 "几" に入れ替えれば OK です。例文を見ながら確認しましょう。

疑問詞
jǐ
几

"几" は「幾」の簡体字だよ。

Jīn tiān jǐ yuè jǐ hào xīng qī jǐ?
今天几月几号星期几？ 今日は何月何日何曜日ですか？

Jīn tiān sì yuè èr hào xīng qī sān.
今天四月二号星期三。 今日は4月2日水曜日です。

Xiàn zài jǐ diǎn?
现在几点？ 今、何時ですか？

Xiàn zài shàng wǔ jiǔ diǎn bàn.
现在上午九点半。 今、午前9時半です。

④ 時間を表す言葉の位置 [DL 080]

"今天"（jīn tiān：今日）や "现在"（xiàn zài：今、現在）のように時間を表す言葉のことを「時間詞」といいます。この「時間詞」は主語の前後、どちらに置いても OK です。

Wǒ míng tiān qù tú shū guǎn.

我 明 天 去 图 书 馆。　私は明日図書館に行きます。

述語

主語　　動詞

Míng tiān wǒ qù tú shū guǎn.

明 天 我 去 图 书 馆。　明日私は図書館に行きます。

述語

主語 動詞

「私は明日図書館に行きます。」と「明日私は図書館に行きます。」、両方 OK なのは日本語と同じだね！

今日のドリル　時間に関する単語

時間に関する単語を書きながら確認します。
発音を聞き、声に出して中国語を書いてください。

DL 081

zuó tiān	
昨 天	
昨日	

jīn tiān	
今 天	
今日	

míng tiān	
明 天	
明日	

qù nián	
去 年	
去年、昨年	

jīn nián 今 年		míng nián 明 年	
今年		来年	

zǎo shang 早 上		wǎn shang 晚 上	
朝		夜	

xiàn zài 現 在	
今	

今日のドリル　線で結ぼう！

DL 082　解答P.250

日本語に「194=行くよ」「964=来るよ」のような表現があるように、中国語でも発音が近い数字をスラングとして使うことがあります。下記の中国語と数字、日本語訳の適切な組み合わせを選び、線で結んでみましょう。また、答え合わせをしたら、130、131ページの写真を参考に片手で数字を表してみましょう。（"零"は自分のオリジナルでOK!）

wǒ ài nǐ
我 爱 你 •

yī sān yī sì
• 1314 •

バイバイ
さようなら

wǒ xiǎng nǐ
我 想 你 •

wǔ sān líng
• 530 •

愛してる
I love you

yì shēng yí shì
一 生 一 世 •

bā bā
• 88 •

あなたが恋しい
I miss you

bái bai
拜 拜 •

wǔ èr líng
• 520 •

一生に一度

今日のドリル 訳してみよう！

日中両国のオリンピック開会式の日時を、中国語に訳してみましょう。
ちなみに、「オリンピック」は 正式には“奥林匹克国际运动会”（Ào lín pǐ kè guó jì yùn dòng huì）ですが、略して“奥运会”（Ào yùn huì）とよく言われます。

東京オリンピック（1回目）

→ _____

| 1964 年 | 10 月 | 10 日 | 土曜日 | 午後 | 1 時 | 43 分 |

北京オリンピック

→ _____

| 2008 年 | 8 月 | 8 日 | 金曜日 | 夜 | 8 時 | 8 分 |

東京オリンピック（2回目）

→ _____

| 2021 年 | 7 月 | 23 日 | 金曜日 | 夜 | 8 時 |

DAY19

場所を伝える表現 「～で」「～に」「どこで？」

「家で」「図書館に」「どこで？」が言えるようになる！

今日は「場所を伝える表現」である「～で」「～に」といった表現を学びます。英語にも、前置詞 "at ～"、"on ～"、"in ～" のような表現がありますが、それと似た感覚でとらえられるものです。また「どこで？」と尋ねる表現も登場します。練習問題も用意していますので、解きながら身につけていきましょう。

1 「～で」を中国語で表現する [DL 084]

場所を表す「～で」は、前置詞（「介詞」とも言います）"在＋（場所）" を使って表現します。語順は主語の後ろ、動詞の前です。次の例文を見てみましょう。

主語 ～は	在（場所） （場所）で	動詞 ～する	目的語
我 Wǒ 私	在家 zài jiā 家で	吃 chī 食べる	午饭。 wǔ fàn. 昼ごはん

（日本語訳）私は家で昼ごはんを食べます。

 この語順は日本語に似ているね！

138

「〜にいる／ある」を中国語で表現する DL 085

さきほど挙げた例文 "我在家吃午饭。" ですが、前半部分の "我在家。" だけだとどんな意味になるでしょうか？　実は「私は家にいます。」という意味になるんです。この場合の "在" は動詞になり、「（場所）にいる／ある」という意味を持ちます。

主語 〜は	在 いる／ある	目的語 〜に
我	**在**	**家。**
Wǒ	zài	jiā.
私	いる／ある	家

（日本語訳）私は家にいます。

つまり、"在" には前置詞（介詞）としての役割と、動詞としての役割があるのです。以下の例文で確認しましょう。

Wǒ zài xué xiào.
我在学校。　　私は学校にいます。

Wǒ zài xué xiào xué Zhōng wén.
我在学校学中文。　私は学校で中国語を勉強しています。

③ 「どこで？」を中国語で表現する DL 086

中国語で「どこで？」を表現する場合は、"在哪里"（zài nǎli/ 実際の発音は náli）または "哪儿"（nǎr）を使います。本書では発音しやすい "哪里" を主に使っていきます。

| nǎli 哪里 どこ | nǎr 哪儿 どこ |

"哪里" を使って「どこで？」を尋ねる疑問文の作り方を見てみましょう。

| 主語 ～は | 在哪里 どこで | 動詞 ～する | 目的語 |

| 你 Nǐ あなた | 在哪里 zài nǎ li どこで | 吃 chī 食べる | 午饭? wǔ fàn. 昼ごはん |

（日本語訳）あなたはどこで昼ごはんを食べますか？

この質問に答えるときは、これまでに学んだ疑問詞疑問文の作り方と同じように、"哪里" を「場所を表す名詞」に入れ替えれば OK です。

Wǒ zài xué xiào chī wǔ fàn.
我在学校吃午饭。　　　私は学校で昼ごはんを食べます。

今日のドリル　基本単語を書いてみよう

今日は基本の形容詞を紹介します。音声を聞いて声に出して発音してから、漢字とピンインを書いてください。これを3回ずつ行いましょう。

DL 087

① zhè li/zhèr

舌 e

这里/这儿

ここ

①〜③はどちらの言い方でもOK！本書では主に、発音しやすい"〜里"を扱います。

② nà li/nàr

那里/那儿

あそこ

実際の発音は[náli]

③ nǎ li/nǎr

哪里/哪儿

どこ

④ jiǔ diàn

酒店

ホテル

jiu の実際の発音は jiou だったね！

⑤ chē zhàn

息 舌 e

车站

駅、バス停

⑥ chāo shì

息 舌

超市

スーパーマーケット

⑦	jiā 家 家			

⑧	gōng sī 公司 会社			

⑨	xué xiào 学校 学校			

音声と日本語訳を参考に、疑問文①〜④のとの会話になるよう、適した返答を中国語で答えましょう。

① Xiàn zài tā zài nǎ li ?

現在他在哪里？ 今彼はどこにいますか？

⟶ ＿＿＿＿＿＿＿＿＿＿＿＿＿＿＿＿＿＿。 今彼は会社にいます。

② Nǐ zài nǎ li gōng zuò ?

你在哪里工作？ あなたはどこで働いていますか？

⟶ ＿＿＿＿＿＿＿＿＿＿＿＿＿＿＿＿＿＿。 私は博物館で働いています。

③ Tā zài nǎ li xué Zhōng wén ?

她在哪里学中文？ 彼女はどこで中国語を勉強していますか？

⟶ ＿＿＿＿＿＿＿＿＿＿＿＿＿＿＿＿。
彼女は学校で中国語を勉強しています。

④ Nǐ men jīn tiān wǎn shang zài jiā ma ?

你们今天晚上在家吗？ あなたたちは今夜、家にいますか？

⟶ ＿＿＿＿＿＿＿＿＿＿＿＿＿＿＿＿ 私たちは今夜、家にいません。

スマホで中国語を打ってみよう！

スマートフォンで中国語を打つ方法をまとめました。SNS に投稿するときや、友達と中国語でやり取りするときなどに活用してみてみてください。

スマホで中国語を入力するための準備として、まず「中国語のキーボード」を追加しましょう。お使いのスマホによって手順が違いますので、以下を参考にしてください。

中国語キーボードの追加方法

iPhone の場合

「設定」→「一般」→「キーボード」→「キーボード」→「新しいキーボードを追加…」を選び、「簡体中国語−拼音（QWERTY）」と「簡体中国語−手書き」を追加しましょう。

Android の場合

機種ごとに設定の仕様が違います。画像の機種は google pixel です。

 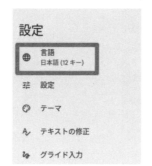 

任意の入力画面（LINE やメモなど）からキーボードを表示し、「設定」からキーボードを追加します。

中国語（簡体）を選び、「手書き」も ON にします。

中国語の入力方法 ※iPhone、Androidとも方法は共通

ピンイン入力

ピンインをキーボードで入力して候補から選び、変換します。
ü は v キーで打つことができます。（例：nü → nv）

また、母音を長押しすると、声調符号を入力することができます。

手書き入力

ピンインが分からない漢字は、手書き入力してみましょう。画面に直接漢字を書いて、候補から選べば入力できます。

第3章
会話に
チャレンジ！

DAY20

【～も】 私もサンドイッチ食べる！
我也吃三明治。

実際にありそうな
シチュエーションで会話に挑戦

第3章では、中国語での会話にチャレンジしてみましょう！　第2章で学んだ「会話につながる基本文法」が、実際の会話でどのように使われているかを見てみましょう。また、単語や表現も増えていきますので、しっかり声を出し、発音を聞いて音で覚えることが大切です。音読する場合は、誰かに聞いてもらうのもいいですし、ぬいぐるみなどに話しかけてみるのも、意外と「会話している気」になるのでおすすめです。

1 「～も」の意味を表す副詞 "也" [DL 089]

今日は「～も」を表す副詞 "也"（yě）を学びます。

「副詞って何だかよく分からなくて、苦手だなぁ」と思う人もいるかもしれません。「副」という名の通り、副詞は、文の中で助演俳優的な役割を果たします。文の主演である動詞や形容詞などとセットで使われることで、文の細かい意味を補ってくれるのです。
なお、副詞は動詞や形容詞の前に置かれます。第2章にも登場した "不"（bù）も否定を表す副詞ですよ。

語順を確認してみましょう。"也" が動詞の前に入っていますね！

主語	也 〜も	動詞 (形容詞)	(目的語)

我	也	去	东京。
Wǒ	yě	qù	Dōng jīng.
私	〜も	行く	東京

(日本語訳)私も東京に行きます。

 中国語の文の「主役」は、動詞や形容詞！　英語のように "Me too."（私も。）と言いたいとき、中国語では " 我也。" ではなく、" 我也是。"（Wǒ yě shì.：私もです。）" 我也吃。"（Wǒ yě chī.：私も食べます。）のように、そのときの状況に合った動詞が欠かせないんだ。主役がいないと文が成立しないんだね。

下の表を見て、例文を確認しましょう。また、「例文を書いてみよう」の欄に、音声を聞きながら例文を書きましょう。

書いてみよう

例文	日本語訳	例文を書いてみよう
这 个 菜 也 很 辣! Zhè ge cài yě hěn là!	この料理も辛い!	
你 也 学 中 文 吗? Nǐ yě xué Zhōng wén ma?	あなたも中国語を勉強しますか?	
他 也 是 上 海 人。 Tā yě shì Shàng hǎi rén.	彼も上海人です。	

 " 我也 "（wǒ yě）や " 你也 "（nǐ yě）の組み合わせで使う場合は、「第三声＋第三声」の変調が起こるよ！　実際の発音は " 我也 "[wó yě] と " 你也 "[ní yě] になるよ。" 你好 "[ní hǎo] とパターンが同じだから、迷ったら " 你好 " の発音を思い出してね！

それでは、ここまで学んだことをもとに、【会話にチャレンジ！】に挑戦しましょう。順番通り行ったら、チェックを入れてください。

---

① 「会話全文」を、テキストを見ながら 2 回聞く。
② 「会話全文」を、テキストを見ないで 2 回聞く。
③ 「B役になる」を聞き、Bの部分でセリフを言う。できるだけ本は見ない。
④ 「A役になる」を聞き、Aの部分でセリフを言う。できるだけ本は見ない。
⑤ 「日本語を聞いてレスポンス」の音声を流し、日本語を聞いたらすぐ中国語で言ってみる。

　会話全文 DL090 　　B役になる DL091 　　A役になる DL092

　日本語を聞いてレスポンス DL093

会話にチャレンジ！

A：你 吃 什 么?
　　Nǐ chī shén me?
　　何食べる？

B：我 吃 三 明 治。你 呢?
　　Wǒ chī sān míng zhì. Nǐ ne?
　　サンドイッチを食べるよ。君は？

A：我 也 吃 三 明 治!
　　Wǒ yě chī sān míng zhì!
　　私もサンドイッチ食べる！

B：你 喝 不 喝 咖 啡?
　　Nǐ hē bu hē kā fēi?
　　コーヒー、飲む？

A：我 不 喝。我 喝 红 茶。
　　Wǒ bù hē. Wǒ hē hóng chá.
　　飲まない。私は紅茶を飲むよ。

B: 好的。你 好! 点 菜!
Hǎo de.　Nǐ　hǎo!　Diǎn cài!
OK。すみません！　注文お願いします！

■単語と表現
三明治 sān míng zhì：サンドイッチ　你呢? Nǐ ne?: あなたは？（"呢"は相手の答えをうながす表現）　咖啡 kā fēi：コーヒー　好的 hǎo de：OK、分かった　你好 nǐ hǎo：すみません（ここでは「注文の際の声がけ」の意味。本来の意味は「こんにちは」）　点菜 diǎn//cài：料理を注文する

"点菜"のピンインに「//」が入っているね。これは「離合詞」を表すマークなんだ。離合詞は一つの単語に見えるけど、「動詞＋目的語」でできている言葉。つまり、"点"が動詞「注文する」で、"菜"が目的語「料理」で、全体としての意味が「料理を注文する」となるよ。「食事をする」という意味の"吃饭"（chī//fàn)も離合詞だよ。

音声と意味がつながって、スムーズに音読できるようになりましたか？　また、役になりきってセリフが言えましたか？　日本語を聞いて、パッと中国語で口に出して言えましたか？

次は【応用会話にチャレンジ！】です。指示に従って、単語を入れ替えて言ってみてください。音声も参考にしてください。

次の単語を使って、応用会話にチャレンジしてみましょう。日本語訳も参考にしてください。

面包 miàn bāo：パン　奶茶 nǎi chá：ミルクティー

A：你 吃 什 么?
Nǐ chī shén me?
何食べる？

B：我 吃 ⬚。 你 呢?
Wǒ chī .　Nǐ ne?
パンを食べるよ。君は？

A：我 也 吃 ⬚!
Wǒ yě chī !
私もパン食べる！

你 喝 什 么?
Nǐ hē shén me?
何飲む？

B：我 喝 ⬚。
Wǒ hē .
僕はミルクティーを飲むよ。

你 也 喝 吗?
Nǐ yě hē ma?
君も飲む？

A：我 也 喝。
Wǒ yě hē.
私も飲む。

yáng　ròu chuàn

羊肉串

羊肉の串焼き

Běi jīng kǎo yā

北京烤鸭

北京ダック

yāo guǒ jī dīng

腰果鸡丁

鶏のカシューナッツ炒め

má là tàng

麻辣烫

マーラータン

huǒ guō

火锅

火鍋

gā lí fàn

咖喱饭

カレーライス

tǔ sī

吐司

トースト

kě lè

可乐

コーラ

ná tiě

拿铁

カフェラテ

pí jiǔ

啤酒

ビール

píng guǒ zhī

苹果汁

リンゴジュース

zhēn zhū nǎi chá

珍珠奶茶

タピオカミルクティー

「料理」の場合、動詞は"吃"（chī）を使います。「飲み物」の場合は、動詞は"喝"（hē）です。

今日のドリル

音声を聞いて文を完成させよう！ 解答P.250

中国語の音声を聞いてマスに当てはまる漢字を書き、中国語文を完成させましょう（必ずしも全てのマスに漢字が入るわけではありません）。肯定形と否定形の文末には「。」を、疑問形の文末には「？」を忘れずに！また、完成した中国語文を日本語に訳してみましょう。

①

主語	"也"	（否定）	動詞/形容詞	（反復）	目的語	"吗"

日本語訳：

②

主語	"也"	（否定）	動詞/形容詞	（反復）	目的語	"吗"

日本語訳：

③

主語	"也"	（否定）	動詞/形容詞	（反復）	目的語	"吗"

日本語訳：

④

主語	"也"	（否定）	動詞/形容詞	（反復）	目的語	"吗"

日本語訳：

⑤

主語	"也"	（否定）	動詞/形容詞	（反復）	目的語	"吗"

日本語訳：

DAY21

【すべて】【量詞】 この２つ、どっちもいいね。
【"ー"の変調】 这两个都很好看。

「すべて」の意味を表す副詞と、量詞、"ー"の変調を学びます

今日は「すべて」の意味を表す副詞 "都"（dōu）と、ものや人の数を数えるときに使う量詞（「助数詞」とも言います）について学びます。これで「２つとも素敵だね！」「５冊の本」といったことを言えるようになります。さらに、量詞でものや人の数を数えるときに注意したい、**数字 "ー"の変調についても学びます。**
また、今日のレッスンの「裏テーマ」は形容詞の使い方の復習です。会話ではどのように使われているかを確認し、感情豊かに読む練習をしてみるといいですよ。

1　「すべて」の意味を表す副詞"都" 〔DL 097〕

今日は「すべて」の意味を表す副詞 "都"（dōu）を学びます。

"都" は、日本語では「すべて」「全員」「〜はすべて」「〜は全部」「いずれも」「例外なく」といった意味になります。主語に複数のものが来ることがほとんどで、日本語訳では省略されることも多いです。ニュアンスを押さえつつ、"我们都〜""每天都〜""他们都〜"のように、複数を表す言葉とセットで覚えていくと良いでしょう。

なお、この "都" は副詞なので、動詞や形容詞の前に置かれますよ。語順を確認してみましょう。

主語	都 すべて	動詞・ 形容詞など

他 们　　　都　　　来。

Tā men　　　dōu　　　lái.

彼ら　　　すべて　　　来る

（日本語訳）彼らは全員来ます。

下の表を見て、例文を確認しましょう。また、「例文を書いてみよう」の欄に、音声を聞きながら例文を書きましょう。

書いてみよう

例文	日本語訳	例文を書いてみよう
我 们 都 是 日 本 人。 Wǒ men dōu shì　Rì běn rén.	私たちは全員日本人です。	
每 天 都 学 中 文。 Měi tiān dōu xué Zhōng wén.	毎日中国語を勉強します。	
这 三 个 钱 包 都 很 贵。 Zhè sān ge　qián bāo dōu hěn guì.	この3つの財布は、どれも（値段が）高いです。	

"每天都学习中文。"を日本語に訳す場合、「毎日すべて中国語を勉強します。」とすると、日本語としては少し不自然ですね。中国語では、主語が複数のときには"都"をセットで使うことが多いのですが、日本語訳には反映されないので、"都"を入れるのを忘れがちです。"都"がないと伝わらないわけではありませんが、中国語ネイティブの人たちが話すときは入れることが多いので、慣れておきましょう。

② 量詞① [DL 098]

日本語でも、本は「1冊、2冊」、コップに入ったお茶は「1杯、2杯」と数えるように、中国語も形状によって数える際の単位が変わります。これを量詞（助数詞）と言います。

ほとんどのものは、量詞の1つである"个"（ge：～個）で代用可能です。ただし、本の場合であれば「本が1個、本が2個」と数えるような違和感がありますので、基本的な量詞を少しずつ覚えていきましょう。

また、量詞を使う場合は、「2」に注意！　たとえば、「2個」は"两个"（liǎng ge）と言います。DAY18で「2」は"二"（èr）と習いましたが、量詞がつくと"两"（liǎng）に変化します（158ページも参照してください）。それでは、語順を確認してみましょう。

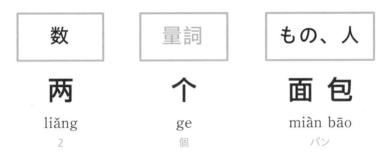

数	量詞	もの、人
两 liǎng <small>2</small>	个 ge <small>個</small>	面包 miàn bāo <small>パン</small>

（日本語訳）2つのパン

下の表を見て、例文を確認しましょう。また、「例文を書いてみよう」の欄に、音声を聞きながら例文を書きましょう。

書いてみよう

例文	日本語訳	例文を書いてみよう
三个人 sān ge rén	3人 ※「～人」の量詞は"个"(ge)！	
五本书 wǔ běn shū	5冊の本 ※"书"の量詞は"本"(běn)！	
两杯茶 liǎng bēi chá	2杯のお茶 ※「2杯」だから"两"(liǎng)を使うよ！	

"两"と"二"の違いについて

ここで、"两"と"二"の違いについて簡単にまとめておきましょう。

① "两" を使う場合 ─────────

「2つ」「2冊」「2人」のように、数量を数える際に量詞と組み合わせる場合は
"两"を使います。（例外については②を参照）

两 个 朋 友
liǎng ge péng you
2人の友達

两 本 杂 志
liǎng běn zá zhì
2冊の雑誌

两 杯 啤 酒
liǎng bēi pí jiǔ
2杯のビール

② "二" を使う場合 ─────────

「いち、に、さん」と数をカウントするときや、年月日などを言うときには"二"
を使います。また、量詞がつく場合でも、12と20は日本語と同じく"二"
を使います。順序があるもの（序数。例；ページ数、階数）については、量
詞がついても"二"を使いますので、注意しましょう。

二 月 二 号 星 期 二
èr yuè èr hào xīng qī 'èr
2月2日火曜日

第 二 页
dì 'èr yè
2ページ目

二 楼
èr lóu
2階

二 十 个 馒 头
èr shí ge mán tou
20個のマントウ（中国の蒸しパン）

 "第"がついたら必ず"二"を使うと覚えておこう。序数は英語のfirstやsecondに当た
るもので、"二楼"であれば「下から二番目の階」の意味。英語のsecond floorと同じ
だね。

③ "一" の変調 DL 100

そろそろ「第3声＋第3声の変調」や「"不"の変調」(DAY13参照)にも慣れてきたころだと思います。量詞も学び、数字に関するさまざまな言い方を身につけたこのタイミングで、もう一つ変調のルールを学んでおきましょう。

実は、数字の "一" にも変調があります。"不" の変調と似ていますので、確認してみましょう。

単独で使う場合	序数で使う場合

yī 一	第1声！

「いち、に、さん」と数をカウントするときは、第1声で発音します。また、「1番目」を意味する序数の場合も、第1声で発音します。

次の漢字が第1声、第2声、第3声の場合

第4声に！

yì 一　＋　― 第1声　／ 第2声　∨ 第3声

ルールを頭の片隅に置いて、音で1つひとつ覚えていくのが大事だよ！

次の漢字が第4声の場合

第2声に！

yí 一　＋　＼ 第4声

"不" と同じだね！

下の表を見て、例文を確認しましょう。また、「例文を書いてみよう」の欄に、音声を聞きながら例文を書きましょう。

書いてみよう

例文	日本語訳	例文を書いてみよう
第 一 次 dì yī cì	1回目、はじめて ※序数だから第1声!	
一 百 yì bǎi	100 ※第3声の漢字の前だから、第4声に!	
一 杯 茶 yì bēi chá	1杯のお茶 ※第1声の漢字の前だから、第4声に!	
一 万 yí wàn	10,000 ※第4声の漢字の前だから、第2声に!	
一 个 yí ge	1つ、1個 ※"个"はもともと第4声の漢字なので、第2声に!	

それでは、ここまで学んだことをもとに、【会話にチャレンジ!】に挑戦しましょう。順番通り行ったら、チェックを入れてください。

---

① 「会話全文」を、テキストを見ながら2回聞く。
② 「会話全文」を、テキストを見ないで2回聞く。
③ 「B役になる」を聞き、Bの部分でセリフを言う。できるだけ本は見ない。
④ 「A役になる」を聞き、Aの部分でセリフを言う。できるだけ本は見ない。
⑤ 「日本語を聞いてレスポンス」の音声を流し、日本語を聞いたらすぐ中国語で言ってみる。

■ 会話全文 DL 101 ■ B役になる DL 102 ■ A役になる DL 103

■ 日本語を聞いてレスポンス DL 104

A：这个杯子很好看!

Zhè ge bēi zi hěn hǎo kàn!

このコップ、素敵だね！

B：真的!

Zhēn de!

ほんとだ！

A：你看，那个杯子也很好看。

Nǐ kàn, nà ge bēi zi yě hěn hǎo kàn.

見て、あのコップも素敵だよ。

B：这 两个都很好看。

Zhè liǎng ge dōu hěn hǎo kàn.

この2つ、どっちもいいね。

你买哪个?

Nǐ mǎi nǎ ge?

どれを買う？

A：很便宜。两 个都买!

Hěn pián yi. Liǎng ge dōu mǎi!

安いよね。両方買う！

■単語と表現
杯子 bēi zi：コップ　真的 zhēn de：本当に　你看 nǐ kàn：ほら、見て（相手の注意を引く
ときに使う）　哪个 nǎ ge（またはněi ge）：どれ

次は【応用会話にチャレンジ！】です。指示に従って、単語を入れ替えて言っ
てみてください。音声も参考にしてください。

次の単語を使って、応用会話にチャレンジしてみましょう。日本語訳も参考にしてください。

花瓶 huā píng：花瓶　茶壺 chá hú：ティーポット　我买这个。Wǒ mǎi zhè ge.：これを買います。

A：这 个 ［　　　］ 很 好 看!
Zhè　ge　　　　　hěn hǎo kàn!
この花瓶、素敵だね！

B：真 的!
Zhēn de!
ほんとだ！

A：你 看，那 个 ［　　　］ 也 很 好 看。
Nǐ　kàn,　nà ge　　　　yě hěn hǎo kàn.
見て、あのティーポットも素敵だよ。

B：这 两 个 都 很 好 看。
Zhè liǎng ge dōu hěn hǎo kàn.
この2つ、どっちもいいね。

你 买 哪 个?
Nǐ mǎi nǎ　ge?
どれを買う？

A：［　　　　　　　　　］。

これを買うよ。

huā píng
花瓶
花瓶

qián bāo
钱包
財布

mǎ kè bēi
马克杯
マグカップ

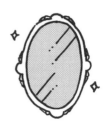

jìng zi
镜子
鏡

nào zhōng
闹钟
目覚まし時計

chōng diàn bǎo
充电宝
モバイルバッテリー

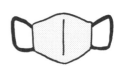

shǒu juàn
手绢
ハンカチ

kǒu zhào
口罩
マスク

dié zi
碟子
小皿

kuài zi
筷子
箸

sháo zi
勺子
さじ、スプーン

chá hú
茶壶
ティーポット

一番左の列は「日本のマージャン用語」です。中国語とピンインが一致するものを推測して線で結びましょう。さらに、ピンイン列の□内に、変調ルールに従ったピンインを書いてください。日本語に定着した中国語のカタカナ表記と、実際の発音を比べてみましょう。

イーペーコー ●　　●清 一色●　　●□ lì zhí

イッキツウカン ●　　●一发●　　● qīng □ sè

ダブルリーチ ●　　●一上听●　　●□ bēi kǒu

イッパツ ●　　●一气通贯●　　●□ qì tōng guàn

イーシャンテン ●　　●两立直●　　●□ fā

チンイツ ●　　●一杯口●　　●□ shàng tīng

 固有名詞や文末にある"一"は変調しないよ！　なお、"叶"は「葉」の簡体字だよ。

【例】 涩 泽 荣 一　　樋 口 一 叶

Sè　zé　Róng　yī　　　Tōng kǒu　Yī　yè

渋沢 栄一　　　　　　樋口 一葉

【〜の】 **これはお父さんの二胡だよ。**
这是我爸爸的二胡。

「〜の」の使い方をマスター！

今日は「〜の」の意味を表す "的"（de）を学びます。「あなたのコーヒー」「私たちの学校」などを中国語で表現できるようになりますよ。

また、今日のレッスンの「裏テーマ」はDAY15で学んだ動詞 "是" を使った文に慣れること。復習しつつ、会話ではどのように使われているか確認しましょう。

1　「〜の」の意味を表す "的"　［DL 108］

"的"（de）は日本語の「〜の」とよく似た使い方をします。ただし、家族や所属している団体について言う場合や、ひとまとまりでよく使われる表現の場合は、"的" はしばしば省略されます。省略される場合、"的" が入り込む隙間のないくらい関係が近いイメージを思い浮かべると良いでしょう。それでは、さっそく語順を確認してみましょう。

人や団体	的 〜の	名詞
我 wǒ 私	的 de 〜の	马克杯 mǎ kè bēi マグカップ

（日本語訳）私のマグカップ

下の表を見て、例文を確認しましょう。また、「例文を書いてみよう」の欄に、音声を聞きながら例文を書きましょう。

書いてみよう

① "的" が必要な場合

例文	日本語訳	例文を書いてみよう
我 的 电 脑 wǒ de diàn nǎo	私のパソコン ※电脑 diàn nǎo：パソコン	
他 的 手 表 tā de shǒu biǎo	彼の腕時計	
你 的 咖 啡 nǐ de kā fēi	あなたのコーヒー	

② "的" が省略可能な場合

例文	日本語訳	例文を書いてみよう
我 (的) 妈 妈 wǒ (de) mā ma	私のお母さん ※家族なので "的" は省略可能。	
他 (的) 姐 姐 tā (de) jiě jie	彼のお姉さん ※家族なので "的" は省略可能。	
我 们 (的) 学 校 wǒ men (de) xué xiào	私たちの学校 ※所属する団体なので "的" は省略可能。	
我 们 (的) 公 司 wǒ men (de) gōng sī	私たちの会社 ※所属する団体なので "的" は省略可能。	
印 度 (的) 电 影 Yìn dù (de) diàn yǐng	インド映画 ※ひとまとまりでよく使われる表現。	
中 国 (的) 老 师 Zhōng guó (de) lǎo shī	中国人の先生 ※ひとまとまりでよく使われる表現。	

それでは、ここまで学んだことをもとに、【会話にチャレンジ！】に挑戦しましょう。順番通り行ったら、チェックを入れてください。

---

① 「会話全文」を、テキストを見ながら2回聞く。
② 「会話全文」を、テキストを見ないで2回聞く。
③ 「B役になる」を聞き、Bの部分でセリフを言う。できるだけ本は見ない。
④ 「A役になる」を聞き、Aの部分でセリフを言う。できるだけ本は見ない。
⑤ 「日本語を聞いてレスポンス」の音声を流し、日本語を聞いたらすぐ中国語で言ってみる。

■ 会話全文 $\boxed{\text{DL } 109}$　■ B役になる $\boxed{\text{DL } 110}$　■ A役になる $\boxed{\text{DL } 111}$

■ 日本語を聞いてレスポンス $\boxed{\text{DL } 112}$

中国語の日本語訳は変幻自在！

中国語を日本語に訳す際、少し困るのが「時制の表現」です。たとえば、次の文の場合、日本語訳にはいろいろな「可能性」があります。

她看电视剧。

「彼女はドラマを見ます。」「彼女はドラマを見ています。」「彼女はドラマを見ていました。」、どの日本語訳もOK。前後の状況に応じて、訳し分けが可能です。

昨天她看电视剧。

このように、"昨天"（zuó tiān：昨日）があれば「昨日、彼女はドラマを見ました。」と明確に過去形で訳すことができます。そのため、中国語は時間を先に言い、「いつ起こったのか」を明確にする必要があるのですね。

また、敬語やタメ口についても、中国語は日本語ほど厳密に表現を変えるわけではありません。中国語の会話文を日本語訳にする際は、話し手同士がどのような関係性なのかを理解した上で、調整してみましょう。

A：贵美，这是什么?
Guì měi, zhè shì shén me?
貴美、これは何?

B：这是我爸爸的二胡。
Zhè shì wǒ bà ba de èr hú.
これはお父さんの二胡だよ。

A：二胡是中国的乐器吗?
Èr hú shì Zhōng guó de yuè qì ma?
二胡は中国の楽器?

B：对。
Duì.
そうだよ。

A：你爸爸是不是音乐家?
Nǐ bà ba shì bu shì yīn yuè jiā?
君のお父さんは、ミュージシャンなの?

B：不是，他在图书馆 工作。
Bú shì, tā zài tú shū guǎn gōng zuò.
ううん、図書館で働いているの。

■単語と表現
爸爸 bà ba：お父さん　二胡 èr hú：二胡（中国の弦楽器）　乐器 yuè qì：楽器　对 duì：そうです、その通りです　音乐家 yīn yuè jiā：音楽家、ミュージシャン　图书馆 tú shū guǎn：図書館　工作 gōng zuò：働く、仕事

次は【応用会話にチャレンジ！】です。指示に従って、単語を入れ替えて言ってみてください。音声も参考にしてください。

次の単語を使って、応用会話にチャレンジしてみましょう。日本語訳も参考
にしてください。

哥哥 gē ge：お兄さん　　小提琴 xiǎo tí qín：バイオリン　　大学 dà xué.：大学

A：贵 美，这 是 什 么?

Guì měi,　zhè　shì shén me?

貴美、これは何？

B：这 是 我 ☐ 的 ☐。

Zhè shì wǒ　　　　de

これはお兄さんのバイオリンだよ。

A：你 ☐ 是 不 是 音 乐 家?

Nǐ　　　　shì bu　shì yīn yuè jiā?

君のお兄さんは、ミュージシャンなの？

B：不 是，他 在 ☐ 工 作。

Bú shì,　tā　zài　　　　gōng zuò.

ううん、大学で働いているの。

lǎo shī
老师
教師

gōng sī zhí yuán
公司职员
会社員

jǐng chá
警察
警察官

hù shi
护士
看護師

yī shēng
医生
医師

gē shǒu
歌手
歌手

yǎn yuán
演员
俳優

lǐ fà shī
理发师
美容師

chú shī
厨师
シェフ

zuò jiā
作家
作家

mó tèr
模特儿
モデル

lǜ shī
律师
弁護士

今日のドリル
ピンインと文を完成させよう！

 DL 115　解答 P.251

次の①〜③の文には、それぞれ1つの漢字ごとに「（子音＋）母音＋声調」が指定されています。まずピンインで文を完成させ、次に中国語文にしてみましょう。日本語訳や音声も参考にしてくださいね。

①

中国語						？
ピンイン						？
子音	n	z	n	l	ch	f
母音	i	ai	a	i	-i	an
声調	第3声	第4声	第3声	軽声	第1声	第4声
日本語訳：あなたはどこで食事をしますか？						

②

中国語						。
ピンイン						.
子音		d	g	z	h	m
母音	uo	e	ong	uo	en	ang
声調	第3声	軽声	第1声	第4声	第3声	第2声
日本語訳：私の仕事は忙しい。						

③

中国語					。
ピンイン					.
子音	zh	sh	l	sh	d
母音	e	-i	ao	-i	e
声調	第4声	第4声	第3声	第1声	軽声
日本語訳：これは先生のです。					

 "谁的？"（誰の？）、"我的！"（私の！）のように、具体的な名詞を省略することもできるよ！

DAY23

【動詞を複数用いる文】【〜したい】

新宿に誕生日プレゼントを買いに行きたいな。
我想去新宿买生日礼物。

ちょっと複雑な文が作れて、「〜したい」が言えるようになる！

今日は、動詞を複数用いる文（連動文）と、「〜したい」を表す助動詞 "想"（xiǎng）の使い方を学びます。「〜したい」を表す文は、これまで習った動詞述語文に "想" をプラスするイメージでとらえればOK。連動文と「〜したい」で、表現の幅をさらに広げましょう！

1 動詞を複数用いて作る「連動文」 DL 116

「図書館に行って中国語を勉強する」のように、1文の中に動詞が複数登場することがあります。このような文を「連動文」と言います。
「電車に乗って新宿に行く」のような交通手段に関係したもの、あるいは「〜に〜をしに行く」といった表現でよく使われます。それでは、さっそく語順を確認してみましょう。

主語	動詞	目的語 ※ない場合もある	動詞	目的語 ※ない場合もある
我 Wǒ 私	去 qù 行く	图书馆 tú shū guǎn 図書館	学 xué 学ぶ	中文。 Zhōng wén. 中国語

（日本語訳）私は図書館に中国語を勉強しに行きます。

目的語は入らない場合もあります。たとえば、"我去学习中文。"は「私は中国語を勉強しに行く。」になり、"我去图书馆学习。"であれば「私は図書館に行って勉強する。」という意味になります。

下の表を見て、例文を確認しましょう。また、「例文を書いてみよう」の欄に、音声を聞きながら例文を書きましょう。

書いてみよう

例文	日本語訳	例文を書いてみよう
他 去 新 宿 买 电 脑。 Tā qù Xīn sù mǎi diàn nǎo.	彼は新宿にパソコンを買いに行きます。	
我 坐 电 车 去 机 场。 Wǒ zuò diàn chē qù jí chǎng.	私は電車で（に乗って）空港に行きます。 ※电车 diàn chē：電車	
我 去 吃 饭。 Wǒ qù chī fàn.	私はごはんを食べに行きます。	
你 去 哪 里 买 书? Nǐ qù nǎ li mǎi shū?	どこに本を買いに行きますか？	

② 「～したい」を表現する助動詞 "想" [DL 117]

「～したい」は「"想"（xiǎng）＋動詞」のセットで表現します。"想"は助動詞ですから、動詞の働きを助ける役割があるのですね。「私は～したい」なら "我想＋（動詞）～"となりますので、パッと口に出せるようになるといいですね！

なお、「～したくない」と言いたい場合、否定の "不"の位置に注意が必要です。したいことを否定するので、"不"は "想"の直前に置きます。「私は～したくない」であれば "我不想＋（動詞）～"となります。それでは、語順を確認してみましょう。

主語	想 ～したい	動詞	目的語

我	想	吃	羊肉。
Wǒ	xiǎng	chī	yáng ròu.
私	～したい	食べる	羊肉

（日本語訳）私は羊肉が食べたいです。

 "我想"は「第3声＋第3声」の変調に注意！ 実際の発音は[wó xiǎng]になるよ。

また、疑問形と否定形も確認しておきましょう。

疑問形

你 想 吃 羊 肉 吗?

Nǐ xiǎng chī yáng ròu ma?

あなたは羊肉を食べたいですか？

反復疑問文

你 想 不 想 吃 羊 肉?

Nǐ xiǎng bu xiǎng chī yáng ròu?

あなたは羊肉を食べたいですか？

 反復疑問文は、「何を肯定と否定の反復するか」に注意！ "吃不吃"ではなく、"想不想"になるよ。「食べるかどうか」ではなく、「したいかどうか」を聞くんだね。

否定形

我 不 想 吃 羊 肉。

Wǒ bù xiǎng chī yáng ròu.

私は羊肉を食べたくないです。

下の表を見て、例文を確認しましょう。また、「例文を書いてみよう」の欄に、音声を聞きながら例文を書きましょう。"想"と連動文が組み合わさった文もありますよ！

書いてみよう

例文	日本語訳	例文を書いてみよう
我 想买口罩。 Wǒ xiǎng mǎi kǒu zhào.	マスクを買いたいです。	
你 想 去 哪 里? Nǐ xiǎng qù nǎ li?	どこに行きたいですか？	
我 不 想 回 家。 Wǒ bù xiǎng huí jiā.	帰りたくありません。 ※"回家"(huí//jiā)は「家に帰る」。	
我 想 去 动 物 园 Wǒ xiǎng qù dòng wù yuán 看 熊 猫。 kàn xióng māo.	動物園にパンダを見に行きたいです。 ※动物园 dòng wù yuán：動物園	

それでは、ここまで学んだことをもとに、【会話にチャレンジ！】に挑戦しましょう。順番通り行ったら、チェックを入れてください。

①「会話全文」を、テキストを見ながら 2 回聞く。
②「会話全文」を、テキストを見ないで 2 回聞く。
③「B 役になる」を聞き、B の部分でセリフを言う。できるだけ本は見ない。
④「A 役になる」を聞き、A の部分でセリフを言う。できるだけ本は見ない。
⑤「日本語を聞いてレスポンス」の音声を流し、日本語を聞いたらすぐ中国語で言ってみる。

■ 会話全文 DL 118　　■ B役になる DL 119　　■ A役になる DL 120

■ 日本語を聞いてレスポンス DL 121

A：明 天，你 想 买 什 么?

Míng tiān, nǐ xiǎng mǎi shén me?

明日、何を買いたいの？

B：我 想 去 新 宿 买 生 日 礼 物。

Wǒ xiǎng qù Xīn sù mǎi shēng rì lǐ wù.

新宿に誕生日プレゼントを買いに行きたいな。

A：谁 的 生 日?

Shéi de shēng rì?

誰の誕生日？

B：我 妈 妈。我 坐 电 车 去。你 呢?

Wǒ mā ma. Wǒ zuò diàn chē qù. Nǐ ne?

お母さん。私は電車で行くよ。君は？

A：我 骑 自 行 车 去。我 家 很 近!

Wǒ qí zì xíng chē qù. Wǒ jiā hěn jìn!

僕は自転車で行くよ。家が近いから！

B：那，明 天 见!

Nà, míng tiān jiàn!

じゃあ、また明日！

■単語と表現

生日 shēng rì：誕生日　礼物 lǐ wù：プレゼント　坐 电车 zuò diàn chē：電車に乗る
骑 自行车 qí zì xíng chē：自転車に乗る　近 jìn：近い　那 (么) nà (me)：それなら、じゃ
あ　明天见 míng tiān jiàn：また明日 (会いましょう)

中国語では「乗る」で表現されるもののうち、座って乗るものには"坐"(zuò)、
またがって乗るものには"骑"(qí)を使うよ！　では、"电梯"(diàn tī：エ
レベーター)はどっちを使うのかな？　正解は"坐 电梯"。座ってもまたがっ
てもいないけど、"坐"を使うことを覚えておこう。

次は【応用会話にチャレンジ！】です。指示に従って、単語を入れ替えて言っ
てみてください。音声も参考にしてください。

応用会話にチャレンジ！

 DL 122　解答P.254

次の単語を使って、応用会話にチャレンジしてみましょう。日本語訳も参考にしてください。

后天 hòu tiān：あさって　**百货店** bǎi huò diàn：百貨店、デパート　**坐 公交车** zuò gōng jiāo chē：バスに乗る　**坐 地铁** zuò dì tiě：地下鉄に乗る

A：┌────────┐, 你 想 买 什 么?
　　　　　　　nǐ xiǎng mǎi shén me?
　　明後日、何を買いたいの？

B：我 想 去 ┌────────┐ 买 生 日 礼 物。
　　Wǒ xiǎng qù　　　　　mǎi shēng rì lǐ wù.
　　デパートに誕生日プレゼントを買いに行きたいな。

A：谁 的 生 日?
　　Shéi de shēng rì?
　　誰の誕生日？

B：我 妈 妈。我 ┌────────┐ 去。
　　Wǒ mā ma. Wǒ　　　　　qù.
　　お母さん。私はバスで行くよ。

　　你 呢?
　　Nǐ ne?
　　君は？

A：我 ┌────────┐ 去。
　　Wǒ　　　　　qù.
　　僕は地下鉄で行くよ。

B：那, ┌────────┐ 见!
　　Nà,　　　　　jiàn!
　　じゃあ、明後日ね！

chū zū chē
出租车
タクシー

gōng jiāo chē
公交车
バス

dì tiě
地铁
地下鉄

fēi jī
飞机
飛行機

gāo tiě
高铁
中国の高速鉄道（新幹線）

mó tuō chē
摩托车
バイク

jī chǎng
机场
空港

chē zhàn
车站
駅、バス停

jī piào
机票
航空券

chē piào
车票
（バスや電車の）切符

shàng chē
上车
乗車する

xià chē
下车
下車する

それぞれの問題の疑問文とA～Dの音声を聞いて、会話が成立する文を１つ選んでください。なお、A～Dの下線部はメモ欄です。聞き取れた音声を書き取ってみましょう。

DL
124

解答 P.251

① **你 今 年 想 回 上 海 见 朋 友 吗?**

　Nǐ　jīn　nián　xiǎng　huí　Shàng　hǎi　jiàn　péng　you　ma?

あなたは今年、友達に会いに上海に帰りたいですか？

解答欄

A : ＿＿＿＿＿＿＿＿＿＿＿　B : ＿＿＿＿＿＿＿＿＿＿＿

C : ＿＿＿＿＿＿＿＿＿＿＿　D : ＿＿＿＿＿＿＿＿＿＿＿

② **星 期 天 你 们 去 哪 里 买 手 机?**

Xīng　qī　tiān　nǐ　men　qù　nǎ　li　mǎi　shǒu　jī?

日曜日、あなたたちはどこへ携帯電話を買いにいきますか？

解答欄

A : ＿＿＿＿＿＿＿＿＿＿＿　B : ＿＿＿＿＿＿＿＿＿＿＿

C : ＿＿＿＿＿＿＿＿＿＿＿　D : ＿＿＿＿＿＿＿＿＿＿＿

③ **她 明 天 来 我 们 公 司 工 作 吗?**

Tā　míng　tiān　lái　wǒ　men　gōng　sī　gōng　zuò　ma?

彼女は明日、私たちの会社に仕事をしに来ますか？

解答欄

A : ＿＿＿＿＿＿＿＿＿＿＿　B : ＿＿＿＿＿＿＿＿＿＿＿

C : ＿＿＿＿＿＿＿＿＿＿＿　D : ＿＿＿＿＿＿＿＿＿＿＿

【ある・ない】【量詞②】
【今月、来週】

辞書は持ってる？
你有没有词典？

「ある・ない」の言い方と、さらに量詞を学ぼう

中国の人同士の会話を聞いていると、よく "没有"（méi yǒu：ない）という言葉が聞こえてきますよね。今日は、その "没有" をはじめとした「ある」「ない」の言い方を学びます。なお、中国語の否定形には "不"（bù）を使うものもありますので、それとの違いも押さえていきましょう。また、これまでも量詞をいくつか学んできましたが、さらにさまざまな量詞を覚えることで、数えられるものを増やしていきましょう。「今月」「来週」などのいい方も学びますよ。盛りだくさんですが、頑張りましょう！

1 「ある・ない」の表現 DL 125

日本語の「ある」「持っている」に当たるのが、動詞 "有"（yǒu）です。そして、"有" の否定形は "没有"（méi yǒu：ない、持っていない）です。
中国語の否定を示す言葉は "不"（bù）と "没"（méi）の2種類ありますが、"有" には "没" しかつきません。ですので、"没有" の形でそのまま覚えてしまいましょう。では、語順を確認してみましょう。

主語	有/没有 ある/ない	目的語

他　　　　有　　　　手机。
Tā　　　yǒu　　shǒu jī.
私　　　ある　　　携帯電話

（日本語訳）彼は携帯電話を持っています。

また、疑問形と否定形も確認しておきましょう。

疑問形

他 有 手机 吗?
Tā yǒu shǒu jī ma?
彼は携帯電話を持っていますか？

反復疑問文

他 有 没 有 手机?
Tā yǒu méi yǒu shǒu jī?
彼は携帯電話を持っていますか？

否定形

他 没 有 手机。
Tā méi yǒu shǒu jī.
彼は携帯電話を持っていません。

下の表を見て、例文を確認しましょう。また、「例文を書いてみよう」の欄に、音声を聞きながら例文を書きましょう。

書いてみよう

例文	日本語訳	例文を書いてみよう
你 有 充 电 宝 吗? Nǐ yǒu chōng diàn bǎo ma?	モバイルバッテリーを持っていますか?	
这 里 有 没 有 Wi-Fi? Zhè li yǒu méi yǒu Wi-Fi?	ここは Wi-Fi がありますか?	
我 有 两 个 妹 妹。 Wǒ yǒu liǎng ge mèi mei.	私には 2 人の妹がいます。	

② 量詞② [DL 126]

DAY21 の「量詞①」では、物を数える単位について学びました。本を 1 冊、2 冊と数える助数詞は日本語にもありましたね。今回学ぶ量詞は、「この本」のような、指示代名詞に関わるものです。

まず、指示代名詞「これ」は "这个"(zhè ge または zhèi ge)でしたね。この "这个" に名詞をつけて、「この+(もの、人)」を表す場合、"这个" の "个" を、ものや人に合った量詞に変える必要があります。中国語ならでは特徴なので、注意が必要です。

これまで学んだように、ほとんどのものは "个"(ge:〜個)で代用可能ですが、ものや人に合った量詞を使えるように意識しましょう。

指示代名詞	量詞	もの、人
这 zhè この	杯 bēi 杯	茶 chá お茶

(日本語訳)このお茶

「この○○」を表現するときの量詞との組み合わせ例を、次の表で確認しておきましょう。

代表的な例	日本語訳	使う対象	この量詞をつかうもの
这 张 床 zhè zhāng chuáng	このベッド	平面の大きいもの	纸 zhǐ：紙 桌子 zhuō zi：机、テーブル 画 huà：絵
这 位 老师 zhè wèi lǎo shī	こちらの先生	敬意を払うべき人	客人 kè rén：お客様
这 瓶 啤酒 zhè píng pí jiǔ	このビール ※瓶の場合	瓶の形状のもの	可乐 kě lè：コーラ 酒 jiǔ：お酒
这 杯 啤酒 zhè bēi pí jiǔ	このビール ※ジョッキ、グラスの場合	コップの形状のもの	茶 chá：お茶 咖啡 kā fēi：コーヒー
这 件 衣服 zhè jiàn yī fu	この服	衣服（主に上着）	毛衣 máo yī：セーター 衬衫 chèn shān：シャツ
这 只 狗 zhè zhī gǒu	この犬	動物（主に小型）	小鸟 xiǎo niǎo：小鳥 兔子 tù zi：うさぎ

 実は"这个"（これ、この）は"这一个"（この1個）の"一"を省略した形なんだよ。

下の表を見て、例文を確認しましょう。また、「例文を書いてみよう」の欄に、音声を聞きながら例文を書きましょう。

書いてみよう

例文	日本語訳	例文を書いてみよう
这 张 票 是 我 的。 Zhè zhāng piào shì wǒ de.	このチケットは私のです。	

我 想 买 这 件 衣 服。 Wǒ xiǎng mǎi zhè jiàn yī fu.	私 は こ の 服 を 買 い た い で す。	
那 只 猫 很 可 爱! Nà zhī māo hěn kě’ài!	あの猫、かわ いい!	

③ 「今月」「来週」などの言い方 DL 127

上から下へ「1月」「2月」「3月」のように配置されているカレンダーを想像し
てみましょう。その場合、先週は上に、来週は下にありますね。また、先月
は上に、来月は下にありますね。そのイメージを持ちつつ、次の表を見てく
ださい。

なお、※印の"个"はしばしば省略されます。

上 个※ 月 shàng (ge) yuè	先月
这 个 月 zhè ge yuè	今月
下 个※ 月 xià (ge) yuè	来月

上 个※ 星 期 shàng (ge) xīng qī	先週
这 个 星 期 zhè ge xīng qī	今週
下 个※ 星 期 xià (ge) xīng qī	来週

"上"(shàng)と"下"(xià)は発音が似ているから注意しよう！ 発音のコ
ツは以下の通りだよ。

・"上"(shàng)は「反り舌音 sh」+「ang」
・"下"(xià)は「x」+「ia」

一番の違いは、"上"には「i」の母音がないこと！ なので、"下"を発音す
るときには、しっかり「i」を発音するようにしよう。

下の表を見て、例文を確認しましょう。また、「例文を書いてみよう」の欄に、音声を聞きながら例文を書きましょう。

書いてみよう

例文	日本語訳	例文を書いてみよう
我 下 个 星 期 去 中 国。 Wǒ xià ge xīng qī qù Zhōng guó.	私は来週中国に行きます。	
下 个 星 期 三 没 有 课。 Xià ge xīng qī sān méi yǒu kè.	来週の水曜日は授業がありません。 ※课 kè：授業	
他 们 下 个 月 来 东 京。 Tā men xià ge yuè lái Dōng jīng.	彼らは来月東京に来ます。	

 時間詞は主語の前と後、どちらに置いても OK だったね！ 詳しくは 134 ページで復習しよう。

それでは、ここまで学んだことをもとに、【会話にチャレンジ！】に挑戦しましょう。順番通り行ったら、チェックを入れてください。

① 「会話全文」を、テキストを見ながら 2 回聞く。
② 「会話全文」を、テキストを見ないで 2 回聞く。
③ 「B 役になる」を聞き、B の部分でセリフを言う。できるだけ本は見ない。
④ 「A 役になる」を聞き、A の部分でセリフを言う。できるだけ本は見ない。
⑤ 「日本語を聞いてレスポンス」の音声を流し、日本語を聞いたらすぐ中国語で言ってみる。

☐ 会話全文 [DL 128]　☐ B役になる [DL 129]　☐ A役になる [DL 130]

☐ 日本語を聞いてレスポンス [DL 131]

A：这 本 书 很 好 看。
Zhè běn shū hěn hǎo kàn.
この本、面白いよ。

B：这 是 中 国 小 说 吗？
Zhè shì Zhōng guó xiǎo shuō ma?
これは中国の小説？

难 不 难？
Nán bu nán?
難しい？

A：不 难。我 查 词 典。
Bù nán. Wǒ chá cí diǎn.
難しくないよ。辞書を引くの。

你 有 没 有 词 典？
Nǐ yǒu méi yǒu cí diǎn?
辞書は持ってる？

B：我 没 有 词 典。
Wǒ méi yǒu cí diǎn.
辞書は持っていないんだ。

我 想 买 一 个 电 子 词 典。
Wǒ xiǎng mǎi yí ge diàn zǐ cí diǎn.
電子辞書を買いたいなと思ってる。

A：那，下 星 期 我 们 一 起 去 买 吧！
Nà, xià xīng qī wǒ men yì qǐ qù mǎi ba!
じゃあ、来週一緒に買いに行こうよ！

■単語と表現
本 běn：書籍を数える量詞　**好看** hǎo kàn：（見て／読んで）良いと思う（ここでは「面白い」の意味）　**小说** xiǎo shuō：小説　**查 词典** chá cí diǎn：辞書を引く　**电子词典** diàn zǐ cí diǎn：電子辞書　**一起** yì qǐ：一緒に　**吧** ba：〜しよう（軽く誘うニュアンス）

次は【応用会話にチャレンジ！】です。指示に従って、単語を入れ替えて言ってみてください。音声も参考にしてください。

解答P.254

次の単語を使って、応用会話にチャレンジしてみましょう。日本語訳も参考にしてください。

这件衣服 zhè jiàn yī fu：この服　好看 hǎo kàn：（見て）良いと思う（ここでは「素敵だ」の意味）　贵 guì：（値段が）高い　帽子 mào zi：帽子

A：这 ⬜ 很 ⬜。
Zhè　　　hěn　　　.
この服、素敵だね。

B：⬜ 不 ⬜？
　　bu　　　　？
高いんじゃない？

A：不 ⬜。
Bú　　　　.
高くないよ。

B：你 有 没 有 ⬜？
Nǐ yǒu méi yǒu　　　？
帽子は持ってる？

A：我 没 有 ⬜。
Wǒ méi yǒu　　　.
帽子は持っていないんだ。

B：那，下 星 期 我 们 一 起 去 买 吧！
Nà, xià xīng qī wǒ men yì qǐ qù mǎi ba!
じゃあ、来週一緒に買いに行こうよ！

kàn màn huà

看漫画

漫画を読む

kàn dòng huà piàn

看动画片

アニメを見る

kàn diàn yǐng

看电影

映画を見る

kàn shū

看书

本を読む、読書をする

wán(r) yóuxì

玩（儿）游戏

ゲームをする

chàng//gē

唱歌

（歌を）歌う

tiào//wǔ

跳舞

（踊りを）踊る

yǎn chàng huì

演唱会

コンサート

zhuī xīng

追星

推し活をする

shǒu gōng yì

手工艺

手芸

shū fǎ

书法

書道

chá dào

茶道

茶道

日本語訳を参考にして、中国語とピンインの空欄を埋めて、文を完成させましょう。

①

中国語	他		一		个		友。
ピンイン		yǒu		bǎi		péng	.

日本語訳：彼には100人の友達がいます。

②

中国語		在	我		有		啤	。
ピンイン	Xiàn		jiā		liǎng	píng		jiǔ.

日本語訳：今、私の家にはビールが2本あります。

③

中国語		件		衫		不		看。
ピンイン	Zhè		chèn		yě		hǎo	.

日本語訳：このシャツもかっこよくありません。

④

中国語	那		医		有			哥	?
ピンイン		wèi		shēng		méi	yǒu		ge?

日本語訳：あちらのお医者様には、お兄さんがいらっしゃいますか？

【"的"の「応用編」】
【選択疑問文】

大きなおにぎりを食べたい！
我想吃很大的饭团!

「〜の」だけじゃない！
"的"の使い方と、選択疑問文

DAY22では、「〜の」の意味を表す"的"(de)を学びました。今日は"的"の「応用編」とも言うべき内容を学んでいきます。実は、「熱いスープ」や「昨日買った本」のような表現にも"的"が活躍するんです！　また、「○○が好きですか、それとも○○が好きですか？」のような、相手に選択肢を提示する「選択疑問文」の作り方も学びます。
それでは、さっそく見てみましょう！

1 "的"の「応用編」　DL135

みなさんの前にケーキがあると想像してみてください。ケーキはケーキでも、たとえば「私が作ったケーキ」や「おいしいケーキ」、「甘すぎるケーキ」など、「どんなケーキなのか」を言いたいことがありますよね。そんなときは"的"(de)の出番です！　"的"を使うと、名詞を修飾する連体修飾語を作ることができますよ。
では、例文をいくつか見ながら、語順を確認してみましょう。

我 做 的 蛋 糕
wǒ　zuò　de　dàn　gāo
私　作る　の　ケーキ

（日本語訳）私が作ったケーキ

中国語にはいわゆる「過去形」がないよ！　だけど、日本語に訳すときには過去形にするとしっくりくる場合があるんだ。

很 好 吃 的 蛋 糕
hěn hǎo chī de dàn gāo
おいしい　　の　　ケーキ

（日本語訳）おいしいケーキ

下の表を見て、例文を確認しましょう。また、「例文を書いてみよう」の欄に、音声を聞きながら例文を書きましょう。

書いてみよう

例文	日本語訳	例文を書いてみよう
很 贵 的 钱 包 hěn guì de qián bāo	（値段が）高い財布	
我 想 唱 的 歌 wǒ xiǎng chàng de gē	私が歌いたい歌	
很 有 名 的 人 hěn yǒu míng de rén	有名な人 ※有名 yǒu míng：有名である	

 中国語母語話者が日本語で「私が作ったのケーキ」「おいしいのケーキ」といった誤用をすることがあるのだけど、それはまさに、この中国語の"的"から来ているんだよ。

次に、先に出てきたフレーズ"我做的蛋糕"を文の中に組み込んでみましょう。

这 是 我 做 的 蛋 糕。
Zhè shì wǒ zuò de dàn gāo.
これ　＝　私　作る　の　　ケーキ

（日本語訳）これは私が作ったケーキです。

我 做 的 蛋 糕 在 哪 里?

Wǒ　zuò　de　dàn　gāo　zài　nǎ　li?

私　　作る　の　ケーキ　ある　どこ

（日本語訳）私が作ったケーキはどこにありますか?

このように、"我做的蛋糕"をひとかたまりにして、文の主語や述語に組み込むことができます。

下の表を見て、例文を確認しましょう。また、「例文を書いてみよう」の欄に、音声を聞きながら例文を書きましょう。

書いてみよう

例文	日本語訳	例文を書いてみよう
我 做 的 蛋 糕 很 好 吃。 Wǒ zuò de dàn gāo hěn hǎo chī.	私が作ったケーキはおいしいです。	
这 是 我 哥 哥 买 的 Zhè shì wǒ gē ge mǎi de 衣 服。 yī fu.	これは私の兄が買った服です。	
我 买 的 充 电 宝 Wǒ mǎi de chōng diàn bǎo 在 哪 里? zài nǎ li?	私が買ったモバイルバッテリーはどこにありますか?	

　１文が長くなると、どこまでがひとまとまりの意味を成すのかが分からなくなり、意味を正確に読み取れないことがあります。文の意味をつかむには、文の骨幹（主語や述語）を見つけることがポイントになります。下の例文を見てください。

① 这是我哥哥买的衣服。　　これは私の兄が買った服です

② 我哥哥买的衣服在哪里?　　私の兄が買った服はどこにありますか?

この文の主語と述語の間にスラッシュを入れると、以下のようになります。また、緑の文字の部分が、文の骨幹（主語や述語）です。

① 这 / 是我哥哥买的衣服。　　これは/私の兄が買った服です。

② 我哥哥买的衣服 / 在哪里?　　私の兄が買った服は/どこにありますか?

①は "这是衣服。"（これは服です。）、②は "衣服在哪里?"（服はどこですか?）という骨幹に、"我哥哥买的"（兄が買った）という情報を足しています。

　長い中国語を読む時は、スラッシュを入れながら確認すると、文の意味をつかみ損ねることが減るでしょう。ぜひお試しください。

② 「選択疑問文」の作り方 [DL 136]

　「AですかそれともBですか?」と聞きたいときは、"A　还是　B?" を使います。このような形の文を「選択疑問文」と呼びます。文末に "吗" がつかないので注意しましょう。なお、Bの動詞は省略することができます。
では、例文を見ながら、語順を確認してみましょう。

你 坐 飞 机 还 是 （坐） 新 干 线?

Nǐ　zuò　fēi　jī　hái　shi　（zuò）　xīn　gàn　xiàn?

あなた　乗る　飛行機　それとも　（乗る）　新幹線

（日本語訳）飛行機に乗りますか、それとも新幹線ですか?

下の表を見て、例文を確認しましょう。また、「例文を書いてみよう」の欄に、音声を聞きながら例文を書きましょう。

書いてみよう

例文	日本語訳	例文を書いてみよう
他 是 日 本 人 还 是 Tā shì Rì běn rén hái shi 中 国 人? Zhōng guó rén?	彼は日本人ですか、それとも中国人ですか？	
你 明 天 来 还 是 Nǐ míng tiān lái hái shi 后 天 来? hòu tiān lái?	あなたは明日来ますか、それとも明後日来ますか？	
你 喝 热 的 还 是 Nǐ hē rè de hái shi 冰 的? bīng de?	ホットにしますか、それともアイスにしますか？ ※热的 rè de：ホットの、冰的 bīng de：アイスの	
这 件 衣 服 是 你 的 Zhè jiàn yī fu shì nǐ de 还 是 他 的? hái shi tā de?	この服はあなたのですか、それとも彼のですか？	

それでは、ここまで学んだことをもとに、【会話にチャレンジ！】に挑戦しましょう。順番通り行ったら、チェックを入れてください。

①「会話全文」を、テキストを見ながら2回聞く。
②「会話全文」を、テキストを見ないで2回聞く。
③「B役になる」を聞き、Bの部分でセリフを言う。できるだけ本は見ない。
④「A役になる」を聞き、Aの部分でセリフを言う。できるだけ本は見ない。
⑤「日本語を聞いてレスポンス」の音声を流し、日本語を聞いたらすぐ中国語で言ってみる。

☐ 会話全文 DL 137　☐ B役になる DL 138　☐ A役になる DL 139
☐ 日本語を聞いてレスポンス DL 140

会話にチャレンジ！

A：今 天 天 气 很 好。
Jīn tiān tiān qì hěn hǎo.
今日は天気がいいね。

我 们 在 公 园 吃 午 饭 吧。
Wǒ men zài gōng yuán chī wǔ fàn ba.
公園で昼ごはんを食べよう。

B：好 啊!
Hǎo a!
いいね！

A：你 想 吃 三 明 治 还 是 饭 团?
Nǐ xiǎng chī sān míng zhì hái shi fàn tuán?
サンドイッチがいい、それともおにぎりがいい？

B：我 想 吃 很 大 的 饭 团!
Wǒ xiǎng chī hěn dà de fàn tuán!
大きなおにぎりを食べたい！

A：我 也 喜 欢 饭 团。
Wǒ yě xǐ huan fàn tuán.
私もおにぎりが好き。

■単語と表現
今天 jīn tiān：今日　天气 tiān qì：天気　公园 gōng yuán：公園　午饭 wǔ fàn：昼ごはん　好啊 hǎo a：いいね　饭团 fàn tuán：おにぎり　喜欢 xǐ huan：好きだ、好む

次は【応用会話にチャレンジ！】です。指示に従って、単語を入れ替えて言ってみてください。音声も参考にしてください。

次の単語を使って、応用会話にチャレンジしてみましょう。日本語訳も参考にしてください。

咖啡店 kā fēi diàn：カフェ　汉堡包 hàn bǎo bāo：ハンバーガー　热狗 rè gǒu：ホットドッグ

A：今 天 天 气 很 好。
Jīn tiān tiān qì hěn hǎo.
今日は天気がいいね。

我 们 在 ◻◻◻◻ 吃 午 饭 吧。
Wǒ men zài　　　　chī wǔ fàn ba.
カフェで昼ごはんを食べよう。

B：好 啊！
Hǎo a!
いいね！

A：你 想 吃 ◻◻◻ 还 是 ◻◻ ？
Nǐ xiǎng chī　　　hái shi　　？
ハンバーガーがいい、それともホットドッグがいい？

B：我 想 吃 很 大 的 ◻◻◻◻ ！
Wǒ xiǎng chī hěn dà de　　　　！
大きなハンバーガーを食べたい！

A：我 也 喜 欢 ◻◻◻◻ 。
Wǒ yě xǐ huan　　　　.
私もハンバーガーが好き。

xià yǔ

下雨

雨が降る

xià xuě

下雪

雪が降る

qíng tiān

晴天

晴れ

yīn tiān

阴天

曇り

guā fēng

刮风

風が吹く

tái fēng

台风

台風

dǎ//léi

打雷

雷が鳴る

cǎi hóng

彩虹

虹

nuǎn huo

暖和

暖かい

rè

热

暑い

liáng kuai

凉快

涼しい

lěng

冷

寒い

下の「語群」から漢字を選んで、①～④の中国語文を完成させましょう。なお、語群内の漢字は全て使い切ります。日本語訳や音声も参考にしてくださいね。

① 　　　　　　　　　　？

日本語訳：あなたが好きなのは書道ですか、それとも茶道ですか？

② 　　　　　　　　　　？

日本語訳：彼は北京に行きたいですか、それとも上海に行きたいですか？

③ 　　　　　　　　　。

日本語訳：私は安いパソコンを買いたいです。　※便宜 pián yi：（値段が）安い

④ 　　　　　　　　　　　？

日本語訳：明日の朝は雪が降りますか、それとも雨が降りますか？

語群

雨	我	想	是	他	书	北	买	法	还
下	宜	想	是	茶	道	明	电	便	还
下	雪	上	是	的	天	你	脑	欢	还
海	去	上	喜	京	早				

DAY26

【3つの「できる」】　**運転できる？**
你会开车吗?

「どうできるのか」がポイント！

今日のテーマは「できる」です。日本語では「できる」で表現できるものを、中国語では「特技」「条件」「許可」など、「どうできるのか」によって、表現が変わります。「ちょっと複雑かな？」と思うかもしれませんが、細かいニュアンスを伝えることができる「便利な表現」だと思って、楽しみながら学んでいきましょう！

1 3つの「できる」を使い分ける

日本語の「できる」という表現は非常に便利で、いろいろな意味を表すことができます。しかし、中国語は状況によって表現を使い分け、そのニュアンスをより詳しく表現します。日本語母語話者は最初はその違いに戸惑うことが多いので、まずは違いをざっくり把握しておきましょう。

使い分けの例文をいくつか見ながら、語順を確認していきましょう。

①特技の「できる」を伝える助動詞　“会” DL 144

1つ目に紹介する「できる」を意味する“会”(huì)は、練習してできるようになったこと、「“会”得」した技術などに対して使います。楽器やスポーツ、語学などについて「できる・できない」ことを表現するのにぴったりです。「特技を言うことに使う」と覚えておくといいですね。

主語	会 【特技】できる	動詞	目的語

我 会 弹 吉他。

Wǒ huì tán jí tā.

私 【特技】できる 弾く ギター

(日本語訳)私はギターを弾けます。

また、疑問形と否定形も確認しておきましょう。

疑問形

你 会 弹 吉 他 吗?

Nǐ huì tán jí tā ma?

あなたはギターを弾けますか?

反復疑問文

你 会 不 会 弹 吉 他?

Nǐ huì bu huì tán jí tā?

あなたはギターを弾けますか?

"不会"の変調に注意! 何度も[bú huì]と発音して、音で覚えよう!

否定形

我 不 会 弹 吉 他。

Wǒ bú huì tán jí tā.

私はギターを弾けません。

下の表を見て、例文を確認しましょう。また、「例文を書いてみよう」の欄に、音声を聞きながら例文を書きましょう。

書いてみよう

例文	日本語訳	例文を書いてみよう
我 会 游 泳。 Wǒ huì yóu yǒng.	私は泳げます。 ※游泳 yóu// yǒng：泳ぐ	
你 会 说 中 文 吗? Nǐ huì shuō Zhōng wén ma?	あなたは中国語を話せますか?	
我 姐 姐 不 会 Wǒ jiě jie bú huì 骑 自 行 车。 qí zì xíng chē.	私の姉は、自転車に乗れません。	

②条件・能力の「できる」を伝える助動詞 "能" 〔DL 145〕

次に紹介する「できる」を意味する"能"（néng）は、「（条件、都合が合うので）~できる」「~する能力がある」を表します。この"能"は使用範囲が広く、たとえば相手に「明日は来られますか?」と聞く際など、日常会話でよく使います。特に疑問形をよく使うので、ここでは疑問形の例から見てみましょう。

主語	能 【条件】できる	動詞 （＋目的語）	（疑問）
你 Nǐ あなた	能 néng 【条件】できる	来 lái 来る	吗? ma? （疑問）

（日本語訳）あなたは来られますか?

"会"(huì)との違いも確認しておきましょう。「車の運転ができる」「泳げる」の「できる」は、練習してできるようになることなので"会"を使いますが、お酒を飲んでいたり、気候などが理由で「条件、都合が合う／合わない」に関わる「できる・できない」場合は、"能"を使います。以下の例文を見てみましょう。

我 会 开 车。
Wǒ huì kāi chē.
私は車を運転できます。（＝免許を持っている）

今 天 我 不 能 开 车。
Jīn tiān wǒ bù néng kāi chē.
今日、私は運転できません。（＝「免許を持っているが、お酒を飲んでいる」などの理由で）

今 天 很 冷，不 能 游 泳。
Jīn tiān hěn lěng, bù néng yóu yǒng.
今日は寒いので、泳げません。（カナヅチなのではなく、寒いので泳げない）

 上の文を見ると、"我"や"你"といった主語がない文もあるね。中国語はこの点は日本語に近く、主語がなくても文を組み立てられる場合があるんだよ。

また、肯定形と否定形も確認しておきましょう。

肯定形

我 能 来。
Wǒ néng lái.
（返答として）私は来られます。

反復疑問文

你 能 不 能 来?
Nǐ néng bu néng lái?
あなたは来られますか？

否定形

我 不 能 来。
Wǒ bù néng lái.
私は来られません。

否定形 "不能" で禁止の意味を表す場合もあります

你 不 能 来。
Nǐ　bù　néng　lái.
あなたは来てはいけません。

你 们 不 能 在 这 里 吃 饭。
Nǐ　men　bù　néng　zài　zhè　li　chī　fàn.
あなたたち、ここで食事はできませんよ。

下の表を見て、例文を確認しましょう。また、「例文を書いてみよう」の欄に、音声を聞きながら例文を書きましょう。

書いてみよう

例文	日本語訳	例文を書いてみよう
明 天 你 能 不 能 去? Míng tiān nǐ néng bu néng qù?	あなたは、明日行くことができますか?	
今 天 不 能 修 理。 Jīn tiān bù néng xiū lǐ.	今日は修理できません。	
明 天 早 上 你 不 能 Míng tiān zǎo shang nǐ bù néng 吃 饭。 chī fàn.	明日の朝は食事ができません。／食事をしてはいけません。(禁止) ※「～できない」「禁止」、どちらの意味も表現できます。	

③許可の「できる」を伝える助動詞 "可以" 　DL 146

最後に紹介する「できる」を意味する "可以"(kě yǐ) は、主に「許可」に関連する「できる」を表します。この "可以" の疑問形 "可以吗?"(Kě yǐ ma?) は、「いいですか?」「OK ですか?」という意味で、短いうえに大変便利に使えるフレーズです。たとえば、クレジットカードを見せながら "可以吗?" といえば、「カード払いできますか?」という意味となります。ジェスチャーをしながら言ってみると、臨場感があっていいですね。

主語	可以 【OK】できる	動詞	目的語

你	可以	回	家。
Nǐ	kě yǐ	huí	jiā
あなた	【OK】できる	帰る	家

（日本語訳）あなたは家に帰ってもいいですよ。

また、疑問形を確認しておきましょう。

疑問形

我 可 以 回 家 吗？
Wǒ kě yǐ huí jiā ma?

家に帰っていいですか？

反復疑問文

我 可（以）不 可 以 回 家？
Wǒ kě （yǐ） bu kě yǐ huí jiā?

家に帰っていいですか？

 反復疑問文では、最初の"以"(yǐ)が省略されて、"可不可以"(kě bu kě yǐ)になることが多いよ！

なお、"可以"(kě yǐ)を使った文の否定形"不可以"(bù kě yǐ)は、「～してはいけない」という、少しきつい、厳しい表現になります。そのため、禁止の意味で「～できない」と表現したい場合は、"不能"(bù néng)を使うと丁寧なニュアンスになります。下の例文を見てみましょう。

許可に関する「できない」

这 里 不 能 抽 烟。
Zhè li bù néng chōu yān.

ここではタバコを吸えません。（お客様に注意をする場合など）

这 里 不 可 以 抽 烟。

Zhè li bù kě yǐ chōu yān.

ここでタバコを吸ってはいけません。（先生が学生に注意をする場合など）

それでは、ここまで学んだことをもとに、【会話にチャレンジ！】に挑戦しましょう。順番通り行ったら、チェックを入れてください。

---

① 「会話全文」を、テキストを見ながら 2 回聞く。
② 「会話全文」を、テキストを見ないで 2 回聞く。
③ 「B 役になる」を聞き、B の部分でセリフを言う。できるだけ本は見ない。
④ 「A 役になる」を聞き、A の部分でセリフを言う。できるだけ本は見ない。
⑤ 「日本語を聞いてレスポンス」の音声を流し、日本語を聞いたらすぐ中国語で言ってみる。

■ 会話全文 DL 147　　■ B役になる DL 148　　■ A役になる DL 149

■ 日本語を聞いてレスポンス DL 150

A：贵美，你会开车吗？

　　Guì měi, nǐ huì kāi chē ma?

　　貴美、運転できる？

B：我会，你呢？

　　Wǒ huì, nǐ ne?

　　できるよ、あなたは？

A：我也会。

　　Wǒ yě huì.

　　僕もできる。

　　但是我今天不能开车。

　　Dàn shì wǒ jīn tiān bù néng kāi chē.

　　でも、今日は運転できないな。

B：你喝酒了吗？

　　Nǐ hē jiǔ le ma?

　　お酒を飲んだの？

A：我家没有车！

　　Wǒ jiā méi yǒu chē!

　　うち、車がないから！

■単語と表現

开车 kāi//chē：車を運転する　但是 dàn shì：でも、しかし、だけど　了 le：完了を表す
（詳しくはDAY28で学びます）

次は【応用会話にチャレンジ！】です。指示に従って、単語を入れ替えて言ってみてください。音声も参考にしてください。

次の単語を使って、応用会話にチャレンジしてみましょう。日本語訳も参考にしてください。

唱 chàng：歌う　中文歌 Zhōng wén gē：中国語の歌

A：貴 美，你 会 ⬜⬜⬜ ⬜⬜⬜ 吗？
Guì měi, nǐ huì 　　　　　　　 ma?
貴美、中国語の歌を歌える？

B：我 会 ⬜⬜⬜。
Wǒ huì 　　　.
歌えるよ。

A：我 想 听。
Wǒ xiǎng tīng.
聞きたいな。

但 是 这 里 不 能 ⬜⬜⬜。
Dàn shì zhè li bù néng 　　　.
でも、ここでは歌えないね。

B：在 卡 拉 Ｏ Ｋ 可 以 ⬜⬜⬜。
Zài kǎ lā Ｏ Ｋ kě yǐ 　　　.
カラオケで歌えるよ。

A：今 天 你 能 不 能 去？
Jīn tiān nǐ néng bu néng qù?
今日行ける？

B：好 啊，现 在 去 吧。
Hǎo a, xiàn zài qù ba.
いいよ、今から行こう。

■単語と表現
卡拉ＯＫ kǎ lā Ｏ Ｋ: カラオケ

DL
152

yóu//yǒng
游泳
泳ぐ

dǎ bàng qiú
打棒球
野球をする

dǎ lán qiú
打篮球
バスケットボールをする

dǎ pái qiú
打排球
バレーボールをする

dǎ wǎng qiú
打网球
テニスをする

dǎ gǎn lǎn qiú
打橄榄球
ラグビーをする

tī zú qiú
踢足球
サッカーをする

huá//bīng
滑冰
アイススケートをする

huá//xuě
滑雪
スキーをする

pǎo//bù
跑步
ジョギングをする

qián shuǐ
潜水
スキューバダイビングをする

pān yán
攀岩
ロッククライミングをする

"会" "能" "可以" の中から、（　　　）に入るものを選び、丸で囲んでください。複数可能な文もあります。

① 我今天很忙。不（　　　）去。

私は今日忙しいです。行くことができません。

会　　能　　可以

② 我不（　　　）打篮球。

私はバスケットボールができません。

会　　能　　可以

③ 那里（　　　）游泳吗？

あそこでは泳ぐことができますか？（泳いでもいいですか？）

会　　能　　可以

④ 我不（　　　）弹钢琴。

私はピアノが弾けません。

会　　能　　可以

⑤ 我今天没有驾照。
我不（　　　）开车。　　※驾照 jià zhào：運転免許証

今日は運転免許証を持っていません。（なので）私は運転はできません。

会　　能　　可以

DAY27

【前置詞】 私はあなたに電話をします。
我给你打电话。

２つの前置詞をマスターしよう

今日のテーマは前置詞（介詞）です。中国語にはいろんな前置詞がありますが、"在"（zài）はDAY19で学びましたね。今日学ぶ前置詞も日常生活でよく使うものばかりです。前置詞は「イメージ」をつかんで覚えると、使いやすくなりますよ。では、さっそく見てみましょう。

1 前置詞 "给" [DL 154]

今日、最初に学ぶのは前置詞の"给"（gěi）です。"给你""给我"の後ろに動詞が来ると、その動詞の対象である人について、「（人）に」と言い表せます。"给"を使うときは、何かを渡したり、受け取ったりする動作をイメージしてみましょう。"给你""给我"を発音しながら、ジェスチャーしてみてください。

给你 　　给我

主語	给	（人）	動詞	目的語

（人）に

我	给	你	打	电话。
Wǒ	gěi	nǐ	dǎ	diàn huà.
私	〜に	あなた	打つ、(電話を)する	電話

（日本語訳）私はあなたに電話をします。

もう少し例文を見てみましょう。

（我）给 你 看 看。
（Wǒ） gěi nǐ kàn kan.
（あなたに）ちょっと見せますね。

（你）给 我 看 看。
（Nǐ） gěi wǒ kàn kan.
（私に）ちょっと見せてください。

> 動詞を2回重ねて言うと「ちょっと〜する」の意味になるよ（詳しくはDAY29を参照）。また、主語が省略されることも多いよ。

下の表を見て、例文を確認しましょう。また、「例文を書いてみよう」の欄に、音声を聞きながら例文を書きましょう。

書いてみよう

例文	日本語訳	例文を書いてみよう
我 给 爸 爸 写 信。 Wǒ gěi bà ba xiě xìn.	私はお父さんに手紙を書きます。 ※"写"(xiě)は「書く」、"信"(xìn)は「手紙」。	
请 给 我 听 听。 Qǐng gěi wǒ tīng ting.	ちょっと聞かせてください。 ※"请"(qǐng)は「〜してください」。	
我 给 妈 妈 买 一 本 书。 Wǒ gěi mā ma mǎi yì běn shū.	お母さんに本を1冊買います。	

ここまで、"给"（gěi）の前置詞としての働きを見てきましたが、実はこの"给"には動詞としての働きもあるのです（DAY19で学んだ"在"もそうでしたね）。動詞の場合の意味は「（ものなどを）あげる、くれる」です。先ほど、前置詞の"给"のところで見たイメージのイラストが、ここでも役立ちますよ。例文を見てみましょう。

(我) 给 你 一 个 三 明 治。

(Wǒ) gěi nǐ yí ge sān míng zhì.

(私は)あなたにサンドイッチを1つあげます。（"给你"なので、「私」から「誰か」に渡すイメージ）

(你) 给 我 那 个 杯 子。

(Nǐ) gěi wǒ nà ge bēi zi.

(あなたは)私にあのコップをください。（"给我"なので、「誰か」から「私」に渡すイメージ）

② 「（人）と」を表現する前置詞 "跟" [DL 155]

次に、前置詞の"跟"（gēn）です。"跟"は「（人）と」という意味です。副詞の"一起"（yì qǐ：一緒に）とセットで使われることが多いです。

それでは、語順を確認してみましょう。

主語	跟 〜と	（人）	（一起） 一緒に	動詞 (+目的語)

（人）と

我	跟	你	一起	去。
Wǒ	gēn	nǐ	yì qǐ	qù.
私	（人）と	あなた	一緒に	行く

（日本語訳）私はあなたと一緒に行きます。

下の表を見て、例文を確認しましょう。また、「例文を書いてみよう」の欄に、音声を聞きながら例文を書きましょう。

書いてみよう

例文	日本語訳	例文を書いてみよう
我 跟 朋 友 一 起 Wǒ gēn péng you yì qǐ 去 滑 雪。 qù huá xuě.	私は友達と一緒にスキーに行きます。	
你 跟 我 一 起 来。 Nǐ gēn wǒ yì qǐ lái.	私と一緒に来て。	
我 想 跟 她 一 起 去。 Wǒ xiǎng gēn tā yì qǐ qù.	私は彼女と一緒に行きたいです。	

それでは、ここまで学んだことをもとに、【会話にチャレンジ！】に挑戦しましょう。順番通り行ったら、チェックを入れてください。

---

① 「会話全文」を、テキストを見ながら2回聞く。
② 「会話全文」を、テキストを見ないで2回聞く。
③ 「B役になる」を聞き、Bの部分でセリフを言う。できるだけ本は見ない。
④ 「A役になる」を聞き、Aの部分でセリフを言う。できるだけ本は見ない。
⑤ 「日本語を聞いてレスポンス」の音声を流し、日本語を聞いたらすぐ中国語で言ってみる。

☐ 会話全文 DL 156 ☐ B役になる DL 157 ☐ A役になる DL 158

☐ 日本語を聞いてレスポンス DL 159

A：你 明 天 几 点 起 床?

Nǐ míng tiān jǐ diǎn qǐ chuáng?

明日、何時に起きる？

B：早 上 七 点。

Zǎo shang qī diǎn.

朝7時だよ。

A：你 给 我 打 电 话，可 以 吗?

Nǐ gěi wǒ dǎ diàn huà, kě yǐ ma?

電話してくれるかな？

我 想 跟 你 一 起 去。

Wǒ xiǎng gēn nǐ yì qǐ qù.

一緒に行きたいんだ。

B：好 啊。你 快 睡 觉 吧。

Hǎo a. Nǐ kuài shuì jiào ba.

いいよ。早めに寝てね。

■単語と表現
起床 qǐ//chuáng：起きる　早上 zǎo shang：朝　快 kuài：急いで、早く　睡觉 shuì//
jiào：寝る、眠る

次は【応用会話にチャレンジ！】です。指示に従って、単語を入れ替えて言っ
てみてください。音声も参考にしてください。

応用会話にチャレンジ！

 解答P.254

次の単語を使って、応用会話にチャレンジしてみましょう。日本語訳も参考にしてください。

回家 huí//jiā：家に帰る、帰宅する　　晚上六点 wǎn shang liù diǎn：夜6時　　玩儿 wánr：遊ぶ

A：明 天 你 几 点 [　　　　]？
Míng tiān nǐ jǐ　diǎn　　　　　　？
明日、何時に家に帰る？

B：[　　　　　　　]。
　　　　　　　　　．
夜6時だよ。

A：你 给 我 打 电 话，可 以 吗？
Nǐ　gěi wǒ dǎ diàn huà,　kě　yǐ　ma?
電話してくれるかな？

　　我 想　跟 你 一 起 [　]。
　　Wǒ xiǎng gēn nǐ　yì qǐ　　　．
　　一緒に遊びたいな。

B：好 啊。
Hǎo　a.
いいよ。

応用単語　ファッション

qún zi
裙子
スカート

kù zi
裤子
ズボン

wài yī
外衣
上着、コート

jiā kè
夹克
ジャケット、ジャンパー

wà zi
袜子
靴下

yùn dòng xié
运动鞋
スニーカー

xié
鞋
靴

bāo
包
バッグ

mào zi
帽子
帽子

wéi jīn
围巾
マフラー

shǒu shi
首饰
アクセサリー

jiè zhi
戒指
指輪

単語を並べ替えて文を完成させよう！ 解答P.252

日本語文に合うように、中国語を並べ替えて文を完成させてください。完成したら、音声を聞いて、声を出して言ってみましょう。

① あなたは誰に電話をしますか？

打 / 你 / 谁 / 电话 / 给

→ _____ ?

② 私はあなたにこの財布をあげます。

这个 / 给 / 你 / 钱包 / 我

→ _____ 。

③ 私はあなたの弟に手紙を書きます。

给 / 写 / 你 / 弟弟 / 我 / 信

→ _____ 。

④ あなたは誰と一緒に行きたいですか？

想 / 一起 / 你 / 跟 / 谁 / 去

→ _____ ?

⑤ 私は彼と一緒に、図書館に本を読みに行きます。

我 / 一起 / 跟 / 去 / 看 / 他 / 书 / 图书馆

→ _____ 。

DAY25

【完了】　日本チームは勝った？
日本队赢了吗?

"了"の基本的な使い方を知ろう

今日のテーマは「完了」の意味を表す"了"(le) です。辞書を引いてみると、とても多くの意味が載っている"了"は、中国語の文にニュアンスを醸し出す「名脇役」です。難しく感じるかもしれませんが、まずはその文の意味が分かればOK！　たくさんの例文に触れて、"了"に慣れるところから始めましょう。
"了"のポイントは過去形ではなく、完了形であること。ここでは基本をしっかりおさえておきましょう。

1 「完了」を表現する　"了" [DL 163]

中国語では、「動詞＋"了"(le)」の形で、「その行為が完了した」ことを表せます。1文として成立させるため、目的語に来る名詞には、数字と量詞などの修飾語がつくことが多いです。

1つ注意したいのがこの「動詞＋"了"(le)」は「過去形」ではないという点です。中国語には明確な時制（過去・現在・未来によって言い方が変わること）がありません。その代わり、「動詞が今、どの状態にあるか」を表します。たとえば、"买了"であれば「買うという行為が完了した」ということです。

では、語順を確認してみましょう。"了"は、動詞の後ろか文末に来ます。目的語が長い、あるいは複雑な場合は基本的に動詞の後ろに、短い場合は基本的に文末につければOKです。

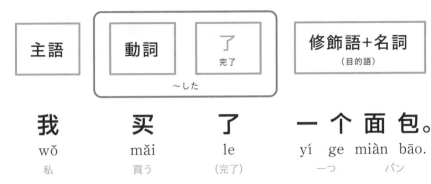

| 主語 | 動詞 | 了
完了 | 修飾語+名詞
(目的語) |

~した

我	买	了	一 个 面 包。
wǒ	mǎi	le	yí ge miàn bāo.
私	買う	（完了）	一つ　パン

（日本語訳）私はパンを買いました。

 何か特別な理由がない限り、基本的に "一个"（yí ge）は日本語訳には反映させなくて OK だよ！

量詞をつける理由は？

上で紹介した例文 "我买了一个面包" をもし、量詞を入れずに "我买了面包" とすると、中国語としてはどんなニュアンスになるのでしょうか。実は、「私はパンを食べたあと……」のように、まだ続きがあるように聞こえてしまうのです。中国語で 1 文を完結させるためには、次の 2 パターンがあります。

パターン①　動詞の後ろに "了" を置く場合、目的語に修飾語（数字と量詞など）をつける

我 买 了 一 个 面 包。
Wǒ mǎi le yí ge miàn bāo.
私はパンを買いました。

パターン②　修飾語がない場合、文末に "了" を置く

我 买 面 包 了。
Wǒ mǎi miàn bāo le.
私はパンを買いました。

また、過去形との違いを理解するため、次の例文を見てみましょう。

我 明 天 吃 了 饭，去 看 电 影。

Wǒ míng tiān chī le fàn, qù kàn diàn yǐng.

私は、明日食事をしてから、映画を見に行きます。

明日の話をしているのに、"了"がついていますね。この場合は "吃"（chī：食べる）が「完了」してから、映画を見に行くという意味になります。

昨 天 的 晚 饭 很 好 吃。

Zuó tiān de wǎn fàn hěn hǎo chī.

昨日の晩ごはんはおいしかった。

日本語では「おいしかった」と過去形になりますが、中国語には "了"はつきません。"昨天的晚饭"とあることから、昨日の出来事なのは明らかだからですね。

次に、疑問形を見てみましょう。文末に "吗"を入れればOK です。

疑問形

你 吃 晚 饭 了 吗？

Nǐ chī wǎn fàn le ma?

あなたは晩ごはんを食べましたか？

下の表を見て、例文を確認しましょう。また、「例文を書いてみよう」の欄に、音声を聞きながら例文を書きましょう。

書いてみよう

例文	日本語訳	例文を書いてみよう
我 喝 了 一 杯 茶。 Wǒ hē le yì bēi chá.	私はお茶を飲みました。	
他 买 衣 服 了。 Tā mǎi yī fu le.	彼は洋服を買いました。	
你 去 图 书 馆 了 吗？ Nǐ qù tú shū guǎn le ma?	あなたは図書館に行きましたか？	

② "了" の否定形に注意！ [DL 164]

非常に重要なのが、完了を表す "了" の否定表現です。「～していない」「～しなかった」は "没有"(méi yǒu)で表します。"了" は消えるので注意しましょう。また、"有" は省略可能です。

それでは、語順を確認してみましょう。

| 主語 | 没(有)
「完了」の否定
～していない/～しなかった | 動詞 | 目的語 |

我　　　没（有）　　　买　　　三明治。
Wǒ　　　méi (yǒu)　　　mǎi　　　sān míng zhì.
私　　　「完了」の否定　　　買う　　　サンドイッチ

（日本語訳）私はサンドイッチを買っていません。（買いませんでした。）

また、オーソドックスな否定形である "不"(bù)を使った文と比較してみましょう。

我 不 吃 午 饭。
Wǒ　bù　chī　wǔ　fàn.
私は昼ごはんを食べません。

我 没（有）吃 午 饭。
Wǒ　méi　(yǒu)　chī　wǔ　fàn.
私は昼ごはんを食べていません。（食べませんでした。）

"不" を使った否定形 "我不吃午饭。" の場合、それを聞いた相手は「ダイエット中なのかな？」と思うかもしれません。きっとこの人は、これからも昼ごはんを食べないでしょう。

それに対し、"我没（有）吃午饭。" は、現時点で「食べていない」あるいは「食べなかった」という状況を表します（中国語ではこの2つの状況を区別せず、"没（有）" で表現します）。ですから、この人がもしも「食べていない」のであれば、昼ごはんをこの後食べるかもしれませんし、食べないかもしれません。

また、副詞 "还"（hái：まだ）と "没有" を組み合わせて、"还没（有）〜"（まだ〜していない）という表現もよく使われます。この表現も覚えておきましょう。

下の表を見て、さらに例文を確認しましょう。また、「例文を書いてみよう」の欄に、音声を聞きながら例文を書きましょう。

書いてみよう

例文	日本語訳	例文を書いてみよう
我 还 没（有）点 菜。 Wǒ hái méi (yǒu) diǎn cài.	私 は まだ 注文 していません。	
他 还 没（有）来。 Tā hái méi (yǒu) lái.	彼はまだ来ていません。	
昨 天 没（有）下 雨。 Zuó tiān méi (yǒu) xià yǔ.	昨日、雨は降りませんでした。	

それでは、ここまで学んだことをもとに、【会話にチャレンジ！】に挑戦しましょう。順番通り行ったら、チェックを入れてください。

①「会話全文」を、テキストを見ながら2回聞く。
②「会話全文」を、テキストを見ないで2回聞く。
③「B役になる」を聞き、Bの部分でセリフを言う。できるだけ本は見ない。
④「A役になる」を聞き、Aの部分でセリフを言う。できるだけ本は見ない。
⑤「日本語を聞いてレスポンス」の音声を流し、日本語を聞いたらすぐ中国語で言ってみる。

　　会話全文 DL 165　　　B役になる DL 166　　　A役になる DL 167
　　日本語を聞いてレスポンス DL 168

A： 昨 天 的 足 球 比 赛，
Zuó tiān de zú qiú bǐ sài,
昨日のサッカーの試合、

你 看 了 吗?
nǐ kàn le ma?
見た？

B： 我 没 看。
Wǒ méi kàn.
見てないよ。

日 本 队 赢 了 吗?
Rì běn duì yíng le ma?
日本チームは勝った？

A： 输 了。真 可 惜。
Shū le. Zhēn kě xī.
負けたよ。本当に残念。

B： 今 天 的 比 赛 几 点 开 始?
Jīn tiān de bǐ sài jǐ diǎn kāi shǐ?
今日の試合は何時から始まるの？

A： 晚 上 九 点。
Wǎn shang jiǔ diǎn.
夜9時だよ。

■単語と表現
足球 zú qiú：サッカー　比赛 bǐ sài：試合　还 hái：まだ　队 duì：チーム　赢 yíng：勝つ
输 shū：負ける　可惜 kě xī：惜しい、残念だ　开始 kāi shǐ：始まる、始める、開始する
晚上 wǎn shang：夜

次は【応用会話にチャレンジ！】です。指示に従って、単語を入れ替えて言ってみてください。音声も参考にしてください。

次の単語を使って、応用会話にチャレンジしてみましょう。日本語訳も参考にしてください。

篮球 lán qiú：バスケットボール　看了 kàn le：見た　明天 míng tiān：明日　早上七点 zǎo shang qī diǎn：朝7時

A：昨 天 的 ☐ 比 赛，
Zuó tiān de　　　　　bǐ sài,
昨日のバスケの試合、

你 看 了 吗?
nǐ kàn le ma?
見た？

B：我 ☐ 。
Wǒ　　　　　.
見たよ。

日 本 队 赢 了。
Rì běn duì yíng le.
日本チームが勝ったね。

A：☐ 的 比 赛 几 点 开 始?
　　　　　de bǐ sài jǐ diǎn kāi shǐ?
明日の試合は何時から始まるの？

B：☐ 。

朝7時だよ。

Xiāng gǎng
香港
香港

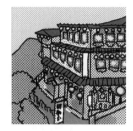

Tái wān
台湾
台湾

Hán guó
韩国
韓国

Tài guó
泰国
タイ

Yuè nán
越南
ベトナム

Měi guó
美国
アメリカ

Niǔ yuē
纽约
ニューヨーク

Jiā ná dà
加拿大
カナダ

Bā xī
巴西
ブラジル

Fǎ guó
法国
フランス

Yì dà lì
意大利
イタリア

Dé guó
德国
ドイツ

今日のドリル
声に出して何度も言ってみよう！

DL 171

以下の図は、疑問形「～しましたか？」とその答え方を表したものです。会話での受け答えを想定した「動詞入れ替えリスト」を表にまとめています。図と音声を参考に、「動詞入れ替えリスト」の中国語文を、声に出して何度も言ってみましょう。

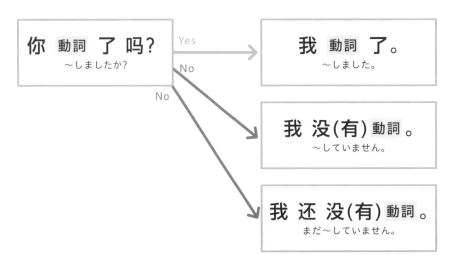

【動詞入れ替えリスト】

見ましたか？	見ました。	見ていません。	まだ見ていません。
你看了吗?	我看了。	我没(有)看。	我还没(有)看。

買いましたか？	買いました。	買っていません。	まだ買っていません。
你买了吗?	我买了。	我没(有)买。	我还没(有)买。

食べましたか？	食べました。	食べていません。	まだ食べていません。
你吃了吗?	我吃了。	我没(有)吃。	我还没(有)吃。

行きましたか？	行きました。	行っていません。	まだ行っていません。
你去了吗?	我去了。	我没(有)去。	我还没(有)去。

【〜したことがある】
【ちょっと〜する】

中華料理を作ったことはある？
你做过中国菜吗?

便利な表現「〜したことがある」を学びます

今日は、「〜したことがある」という経験に関する表現を学びます。「中国に行ったことがある」や「北京ダックを食べたことがある」のように、会話の中で活用できる表現です。なお、否定形「〜したことがない」は少し特殊な言い方をしますので、しっかり押さえておきましょう。もう1つ、「ちょっと〜する」という言い方も学びますよ。

1 「経験」を表現する "过" [DL 172]

動詞の後ろに"过"(guo)を入れると、「〜したことがある」を表現できます。語順を確認しつつ、"过"とさまざまな動詞との組み合わせを見てみましょう。

主語	動詞	过 経験	目的語
		〜したことがある	

我	来	过	这里。
Wǒ	lái	guo	zhè li.
私	来る	(経験)	ここ

（日本語訳）私はここに来たことがあります。

 "过"の日本の漢字は「過」だよ。

動詞	経験	日本語
看 kàn	过 guo	見たことがある
去 qù	过 guo	行ったことがある
买 mǎi	过 guo	買ったことがある
工作 gōngzuò	过 guo	働いたことがある

次に、"过"（guo）の否定形「～したことがない」は、"不"ではなく "没有"（méi yǒu）を使って表現します。"有" は省略されることが多いので、「"没"＋動詞＋"过"」の形で覚えておくとよいでしょう。まず、語順を見てみましょう。

我　　　没(有)　　　来　　　过　　　这里。
Wǒ　　　méi(yǒu)　　lái　　guo　　zhè li.
私　　　（否定）　　来る　（経験）　ここ

（日本語訳）私はここに来たことがありません。

下の表も参考にしてください。"过" を忘れてしまいがちなので、何度も口に出して慣れるようにしましょう。

没（有）	動詞	経験	日本語
没(有) méi(yǒu)	看 kàn	过 guo	見たことがない
没(有) méi(yǒu)	去 qù	过 guo	行ったことがない
没(有) méi(yǒu)	买 mǎi	过 guo	買ったことがない
没(有) méi(yǒu)	工作 gōng zuò	过 guo	働いたことがない

また、DAY28で学んだ副詞 "还"（hái：まだ）とも相性が良い表現です。「"还没（有）"＋動詞＋"过"」で「まだ～したことがない」と覚えておきましょう。例文を見てください。

我 还 没 去 过 中 国。
Wǒ hái méi qù guo Zhōng guó.
私はまだ中国に行ったことがありません。

ここで、疑問形も見ておきましょう。

疑問形

你 来 过 这 里 吗?
Nǐ lái guo zhè li ma?
あなたはここに来たことはありますか？

下の表を見て、さらに例文を確認しましょう。また、「例文を書いてみよう」の欄に、音声を聞きながら例文を書きましょう。

書いてみよう

例文	日本語訳	例文を書いてみよう
我 学 过 中 文。 Wǒ xué guo Zhōng wén.	私は中国語を学んだことがあります。	
他 没 坐 过 中 国 的 Tā méi zuò guo Zhōng guó de 地 铁。 dì tiě.	彼は中国の地下鉄に乗ったことがありません。 ※"地铁"（dì tiě）は「地下鉄」。	
你 看 过 什 么 Nǐ kàn guo shén me 中 国 电 影? Zhōng guó diàn yǐng?	何の中国映画を見たことがありますか？ ※"电影"（diàn yǐng）は「映画」。	

② 「ちょっと〜する」の表現 ［DL 173］

人に何かお願いするとき、日本語では「ちょっと〜してください」と言いますが、中国語でも同じように言います。ＤＡＹ27でも少し触れましたが、同じ動詞を２回重ねて言うと、「(その行為を)ちょっと〜する」、「〜してみる」という軽いニュアンスになります。

それでは、語順を確認してみましょう。

主語	動詞×2	目的語

你	看看	这个。
Nǐ	kàn kan	zhè ge.
あなた	ちょっと見る	これ

(日本語訳)ちょっとこれを見てください。／ちょっとこれを見てごらん。

 動詞が１文字の場合、後ろの動詞は軽声で発音するよ！　２文字の場合はそのまま繰り返せばＯＫ！

下の表を見て、さらに例文を確認しましょう。また、「例文を書いてみよう」の欄に、音声を聞きながら例文を書きましょう。

書いてみよう

例文	日本語訳	例文を書いてみよう
现在我们休息休息。 Xiàn zài wǒ men xiū xi xiū xi.	今からちょっと休憩しましょう。 ※"休息"(xiū xi)は「休む」。	
你尝尝。 Nǐ cháng chang.	ちょっと味見してみてください。 ※"尝"(cháng)は「味見する」。	
我想想。 Wǒ xiǎng xiang.	少し考えてみます。 ※"想"(xiǎng)は動詞の場合「考える」。	

なお、「ちょっと～する」は「動詞＋"一下"」の形でも表すことができます。
例文を見てみましょう。

你 看 一 下。
Nǐ kàn yí xià.
ちょっと見てください。／ちょっと見てごらん。

我 们 休 息 一 下。
Wǒ men xiū xi yí xià.
（私達は）ちょっと休憩しよう。

また、動詞が1文字の場合は、間に"一"（yi：軽声になります）だけを挟ん
で言うこともあります。以下の例文を見てみましょう。

你 看 一 看。
Nǐ kàn yi kàn.
ちょっと見てください。／ちょっと見てごらん。

我 试 一 试。
Wǒ shì yi shì.
ちょっと試してみるね。

それでは、ここまで学んだことをもとに、【会話にチャレンジ！】に挑戦しま
しょう。順番通り行ったら、チェックを入れてください。

---

① 「会話全文」を、テキストを見ながら2回聞く。
② 「会話全文」を、テキストを見ないで2回聞く。
③ 「B役になる」を聞き、Bの部分でセリフを言う。できるだけ本は見ない。
④ 「A役になる」を聞き、Aの部分でセリフを言う。できるだけ本は見ない。
⑤ 「日本語を聞いてレスポンス」の音声を流し、日本語を聞いたらすぐ中国
　　語で言ってみる。

■ 会話全文 DL174　　■ B役になる DL175　　■ A役になる DL176

■ 日本語を聞いてレスポンス DL177

A：你 做 过 中 国 菜 吗?

Nǐ zuò guo Zhōng guó cài ma?

中華料理を作ったことはある？

B：没 做 过。

Méi zuò guo.

作ったことないよ。

A：你 试 试 吧。我 教 你。

Nǐ shì shi ba. Wǒ jiāo nǐ.

やってみたらどう。教えてあげるよ。

B：我 不 会 做 菜。

Wǒ bú huì zuò cài.

私、料理できないんだ。

我 想 吃 你 做 的 菜!

Wǒ xiǎng chī nǐ zuò de cài!

君の作った料理が食べたいな！

■単語と表現
做菜 zuò//cài：料理を作る　试 shì：試す、試してみる　教 jiāo：教える

次は【応用会話にチャレンジ！】です。指示に従って、単語を入れ替えて言ってみてください。音声も参考にしてください。

応用会話にチャレンジ！ DL 178 解答P.254

次の単語を使って、応用会話にチャレンジしてみましょう。日本語訳も参考
にしてください。

去 qù：行く　中国 Zhōng guó：中国　北京 Běi jīng：北京　上海 Shàng hǎi：上海

A：你 [　　　] 过 [　　　] 吗?
　　Nǐ　　　　guo　　　　ma?
　　中国に行ったことはある？

B：我 [　　　　] 过。
　　Wǒ　　　　guo.
　　行ったことあるよ。

A：你 [　　　] 过 哪 里?
　　Nǐ　　　guo nǎ　li?
　　どこに行ったことがあるの？

B：我 [　] 过 [　] 和 [　]。
　　Wǒ　　guo　　hé　　　.
　　北京と上海だよ。

■単語と表現
和 hé：～と

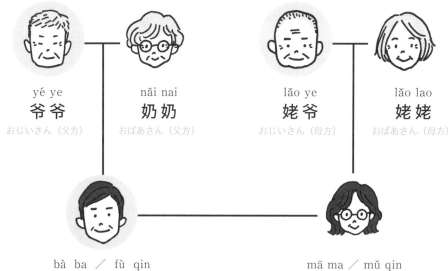

yé ye
爷爷
おじいさん（父方）

nǎi nai
奶奶
おばあさん（父方）

lǎo ye
姥爷
おじいさん（母方）

lǎo lao
姥姥
おばあさん（母方）

bà ba ／ fù qin
爸爸／父亲
お父さん／父親

mā ma ／ mǔ qin
妈妈／母亲
お母さん／母親

jiě jie
姐姐
姉

gē ge
哥哥
兄

mèi mei
妹妹
妹

dì di
弟弟
弟

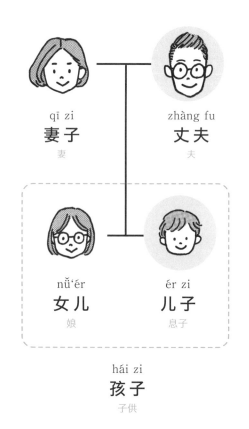

qī zi
妻子
妻

zhàng fu
丈夫
夫

nǚ'ér
女儿
娘

ér zi
儿子
息子

hái zi
孩子
子供

音声を聞いて文を完成させよう！

解答 P.253

DL
180

音声を聞いて、（　　　）に適切な漢字を入れましょう。また、質問に対する答えをYesの場合とNoの場合、それぞれについて書いてみましょう。

例　**你（做）过中国菜吗？** 中華料理を作ったことがありますか？

　　Yes：**我做过。**　　　No：**我没做过。**

① **你去过（　　　　）吗？** 中国に行ったことがありますか？

　　Yes：＿＿＿＿＿＿＿＿＿　No：＿＿＿＿＿＿＿＿＿

② **你（　　　　）过京剧吗？** 京劇を見たことがありますか？
※京剧 jīng jù：京劇

　　Yes：＿＿＿＿＿＿＿＿＿　No：＿＿＿＿＿＿＿＿＿

③ **你吃过（　　　　　）吗？** 北京ダックを食べたことがありますか？

　　Yes：＿＿＿＿＿＿＿＿＿　No：＿＿＿＿＿＿＿＿＿

④ **你（　　）过法语吗？** フランス語を学んだことがありますか？
※法语 fǎ yǔ：フランス語

　　Yes：＿＿＿＿＿＿＿＿＿　No：＿＿＿＿＿＿＿＿＿

⑤ **你坐过（　　　　）吗？** 飛行機に乗ったことがありますか？

　　Yes：＿＿＿＿＿＿＿＿＿　No：＿＿＿＿＿＿＿＿＿

DAY30

【様態補語】 彼、中国語を話すのが上手だね。
他说中文说得很好。

いよいよ最後のレッスン！
楽しく学びましょう

ついに今日は最後のレッスンです！　中国語と少しは「友達」になれましたか？

今日学ぶのは「様態補語」です。中国語における「補語」は、多くは動詞と合体して、動詞の意味を補足し、文のニュアンスを増やす作用があるものです。その中でも、今回取り上げる様態補語は、ある動作について「その動作がどうなのか」を表します。例文を見ながら、確実に学んでいきましょう！

1 「〜するのが〜だ」を表す様態補語 DL 181

動詞の後ろに "得"（de）を置き、さらに「どんな様子か」を表す補語を加えると、「その動作が〜だ」のように、動作の様子や状態をより詳しく表現することができます。語順を確認しつつ、例文の動詞 "跑"（pǎo：走る）を他の動詞に替えた場合、意味がどう変わるか考えてみましょう。

主語	動詞	得	補語
			どんな様子か
	〜するのが		

他	跑	得	很快。
Tā	pǎo	de	hěn kuài.
彼	走る	（〜するのが）	速い

（日本語訳）彼は走るのが速いです。

他 吃 得 很 快。 他 说 得 很 快。
Tā chī de hěn kuài. Tā shuō de hěn kuài.
彼は食べるのが速いです。 彼は話すのが速いです。

また、疑問形と否定形も確認しておきましょう。

疑問形

他 跑 得 快 吗？
Tā pǎo de kuài ma?
彼は走るのが速いですか？

疑問形、否定形には
"很"はつけないよ。
DAY14を参照して
ね。

疑問詞疑問文

他 跑 得 怎 么 样？
Tā pǎo de zěn me yàng?
彼の走りはどうですか？

形容詞について聞く
時は疑問詞"怎么
样？"（どうですか？）
を使うよ。DAY17
を参照してね。

反復疑問文

他 跑 得 快 不 快？
Tā pǎo de kuài bu kuài?
彼は走るのが速いですか？

否定形

他 跑 得 不 快。
Tā pǎo de bú kuài.
彼は走るのが速くない。

DAY14で学んだ形容詞述語文と同じように、補語と
なる形容詞には程度副詞（"很"など）がつくよ。

下の表を見て、さらに例文を確認しましょう。また、「例文を書いてみよう」
の欄に、音声を聞きながら例文を書きましょう。

書いてみよう

例文	日本語訳	例文を書いてみよう
她 说 得 很 好。 Tā shuō de hěn hǎo.	彼女は話すのが上手です。	
她 每 天 来 得 很 早。 Tā měi tiān lái de hěn zǎo.	彼女は毎日来るのが早いです。 ※"早"(zǎo)は「(時間が)早い」。	
你 写 得 很 好。 Nǐ xiě de hěn hǎo.	あなたは(字を)書くのが上手ですね。	

さらに、目的語が入る場合はどうなるでしょうか。次の「彼は朝ごはんを食
べるのが速いです。」の中国語文を見てください。

ここで注意したいのが、目的語の"早饭"(zǎo fàn：朝ごはん)を入れる位置
です。目的語は通常、動詞の後ろに来るのでしたね。その通りに並べようと
思うと"他吃早饭得很快。"となりますが、実はこの文は成立しません。"得"
(de)は常に動詞とセットとなり、動詞の直後に置かれるので、動詞と"得"
の間に"早饭"を入れることができないのです。

そのため、「彼は朝ごはんを食べる。そして食べるのが速い。」のように配置
するのです。なお、1番目の動詞は省略できます。

下の表を見て、さらに例文を確認しましょう。また、「例文を書いてみよう」の欄に、音声を聞きながら例文を書きましょう。

書いてみよう

例文	日本語訳	例文を書いてみよう
她（说）中 文 Tā （shuō）Zhōng wén 说 得 很 好。 shuō de hěn hǎo.	彼女は中国語を話すのが上手です。	
他（唱）日 本 歌 Tā （chàng） Rì běn gē 唱 得 不 好。 chàng de bù hǎo.	彼は日本の歌を歌うのが得意ではありません。	
你 (学) 中 文 Nǐ （xué）Zhōng wén 学 得 怎 么 样? xué de zěn me yàng?	中国語の勉強はどうですか?	

それでは、ここまで学んだことをもとに、【会話にチャレンジ！】に挑戦しましょう。順番通り行ったら、チェックを入れてください。

---

① 「会話全文」を、テキストを見ながら2回聞く。
② 「会話全文」を、テキストを見ないで2回聞く。
③ 「B役になる」を聞き、Bの部分でセリフを言う。できるだけ本は見ない。
④ 「A役になる」を聞き、Aの部分でセリフを言う。できるだけ本は見ない。
⑤ 「日本語を聞いてレスポンス」の音声を流し、日本語を聞いたらすぐ中国語で言ってみる。

■ 会話全文 [DL 182]　　■ B役になる [DL 183]　　■ A役になる [DL 184]

■ 日本語を聞いてレスポンス [DL 185]

A：他 说 中 文 说 得 很 好。
Tā shuō Zhōng wén shuō de hěn hǎo.
彼、中国語を話すのが上手だね。

你 认 识 他 吗?
Nǐ rèn shi tā ma?
彼のこと知ってる？

B：我 认 识。
Wǒ rèn shi.
知ってるよ。

他 在 大 学 学 过 中 文。
Tā zài dà xué xué guo Zhōng wén.
彼、大学で中国語を勉強したことがあるんだよ。

A：听 说 他 还 会 说 英 语。
Tīng shuō tā hái huì shuō Yīng yǔ.
英語も話せるらしいよ。

太 棒 了! 他 有 女 朋 友 吗?
Tài bàng le! Tā yǒu nǚ péng you ma?
すごすぎる！ 彼、彼女いるのかな？

B：没 有 女 朋 友。他 结 婚 了。
Méi yǒu nǚ péng you. Tā jié hūn le.
彼女はいないよ。結婚してるからね。

■単語と表現
认识 rèn shi：知っている、認識している　大学 dà xué：大学　听说 tīng shuō：聞くところによると〜らしい　还 hái：さらに、他にも　太棒了 tài bàng le：すごすぎる（“太〜了”は「〜すぎる」、“棒”は「すごい」）　女朋友 nǚ péng you：恋人、彼女　结婚 jié//hūn：結婚する

次は【応用会話にチャレンジ！】です。指示に従って、単語を入れ替えて言ってみてください。音声も参考にしてください。

次の単語を使って、応用会話にチャレンジしてみましょう。日本語訳も参考にしてください。

滑雪滑得很好 huá xuě huá de hěn hǎo：スキーが上手だ　**在美国参加过比赛** zài Měi guó cān jiā guo bǐ sài：アメリカで試合に出たことがある　**攀岩** pān yán：ロッククライミングをする

A： 他 ☐☐☐☐☐☐☐☐☐☐ 。
Tā
彼、スキーが上手だね。

你 认 识 他 吗?
Nǐ rèn shi tā ma?
彼のこと知ってる?

B： 我 认 识。
Wǒ rèn shi.
知ってるよ。

他 ☐☐☐☐☐☐☐☐☐☐ 。
Tā
彼、アメリカで試合に出たことがあるんだよ。

A： 听 说 他 还 会 ☐☐☐☐☐ 。
Tīng shuō tā hái huì
ロッククライミングもできるらしいよ。

太 棒 了! 他 有 女 朋 友 吗?
tài bàng le!　Tā yǒu nǚ péng you ma?
すごすぎる!　彼、彼女いるのかな?

B： 没 有 女 朋 友。 他 结 婚 了。
Méi yǒu nǚ péng you.　Tā jié hūn le.
彼女はいないよ。結婚してるからね。

応用単語　イベント

chú xī
除夕
（旧暦の）大みそか

Chūnj ié
春节
春節（旧暦の正月）

Mǔ qin jié
母亲节
母の日

Zhōng qiū jié
中秋节
中秋節（旧暦8月15日の節句）

Guó qìng jié
国庆节
国慶節（中国の建国記念日）

Wàn shèng jié
万圣节
ハロウィン

píng'ān yè
平安夜
クリスマスイブ

Shèng dàn jié
圣诞节
クリスマス

hūn lǐ
婚礼
結婚式

huáng jīn zhōu
黄金周
ゴールデンウィーク

shǔ jià
暑假
夏休み

hán jià
寒假
冬休み

音声を聞いて、（　　　）に適切な漢字を入れ、完成した中国語文を日本語に訳してみましょう。また、中国語文を口に出して言ってみましょう。

① 昨 天 我 睡 得 (　　　　　　　　　)。

日本語訳： _____

② 他 打 网 球 (　　　　　　)。

日本語訳： _____

③ 我 (　　　　　)做 得 不 好。

日本語訳： _____

④ 昨 天 晚 上 我 (　　　　　) 太 多 了。

日本語訳： _____

⑤ 贵 美 (　　　　　)不 太 好。

日本語訳： _____

もっと声に出して言ってみよう！ |||||||||||||||||||||||||||||

DAY30 まで学んできて、中国語の基礎が身についてきたと思います。みなさんが今後引き続き中国語を学んでいくにあたって、私が特におすすめしたいのが「声に出して言うこと」です。

少し長い文を声に出して言うコツをお伝えしますので、ぜひチャレンジしてみてください。最後に「自己紹介のサンプル文」を載せていますので、ご自分の名前や趣味などに入れ替えて、実際に言ってみましょう。

1　「声出し」のコツ

【内容を理解する】→【音読の練習】の順に進めていきます。

①内容を理解する
文の構造を理解することで、声出しがスムーズにできるようになります。声に出して言う前に、以下の 2 つを行ってみましょう。

・听写（tīngxiě：書き取り）
まずは音声を聞いて、听写（書き取り）をします。漢字だけで OK です。発音を強化したい人はピンインも書き取ることをおすすめしますが、ピンインの書き取りは非常に難しく、初めての単語を正確に書き取ることは上級者でも困難です。

ピンインは音読するときに「補助」となるものです。「この音はピンインで書くとこうなるのだな」と、音とピンインをリンクさせることによって、伝わりやすい発音への手助けをしてくれるものだと捉えておけばよいと思います。

・辞書を引く
知らない単語に出会ったら、辞書を引く癖をつけましょう。辞書はスマホアプリのものがとても便利です。辞書アプリを 1 つご紹介します（辞書は有料。iPhone、iPad のみ対応）。

> 「辞書 by 物書堂」
> 複数の辞書を管理できるアプリです。中国語の辞書は以下の 2 つがあり、どちらも音声で発音が聞けます。なお、ネット検索で代用が可能な部分もありますが、Google 翻訳はあまり正確ではないので、避けたほうが無難です。
>
> 小学館 中日・日中辞典（第 3 版）
> 超級クラウン中日・クラウン日中辞典

②音読の練習

内容を理解したら、声出しの練習に進みます。ここでは2種類の方法を紹介します。文字を見ながら何度か音読をしたあと、リプロダクション→シャドーイングの順番で取り組んでみてください。

・リプロダクション

1文ごとに音声を止め、なるべく本文を見ずに、耳で聞いた文を声に出して言ってみます（1文が長くて難しければ、任意の場所で区切る）。1文ずつ最後までできたら、次は2文に挑戦してみましょう。この練習は聴写と違い、なるべく目を使わずに耳と口を使う練習です。目に頼りすぎないこと、これが最大のコツです。

・シャドーイング

リプロダクションがスムーズにできていれば、内容を体に染み込ませる準備ができたと言えるでしょう。

次に取り組むのは「シャドーイング」です。音声を止めずに、聞こえてきた音をすぐに口から出します。途中で追いつけなくなることもありますが、諦めずに後から早口で挽回できると、達成感が得られると思います。

シャドーイングのコツは「聞くことに集中すること」です。耳が70%、口が30%くらいの感覚で、聞こえてきた情報をそのまま口に出します。

聴写、リプロダクション、シャドーイングの詳しい説明は著者のYouTubeチャンネル「夏季老師の日本人のための中国語」でも動画で詳しく解説しています。

では、「自己紹介のサンプル文」をアレンジして、声出しにチャレンジしてみてください！

【自我介绍　zìwǒ jièshào】

大家好！我姓田中，叫田中贵美。
Dàjiā hǎo! Wǒ xìng Tiánzhōng, jiào Tiánzhōng Guìměi.

我是日本人。现在我在东京工作。我出生在青森县。
Wǒ shì Rìběnrén. Xiànzài wǒ zài Dōngjīng gōngzuò. Wǒ chūshēng zài Qīngsēn xiàn.

我有一个姐姐。她会说英语。她也在东京工作。
Wǒ yǒu yí ge jiějie. Tā huì shuō Yīngyǔ. Tā yě zài Dōngjīng gōngzuò.

我喜欢学中文。但是我没去过中国。
Wǒ xǐhuan xué Zhōngwén. Dànshì wǒ méi qùguo Zhōngguó.

我想去北京吃地道的中国菜。
Wǒ xiǎng qù Běijīng chī dìdào de Zhōngguócài.

我说中文说得还不好。以后继续努力学习！
Wǒ shuō Zhōngwén shuōde hái bù hǎo. Yǐhòu jìxù nǔlì xuéxí!

谢谢大家。
Xièxie dàjiā.

【自己紹介】
みなさん、こんにちは！　私の名字は田中で、田中貴美といいます。
私は日本人です。今は東京で仕事をしています。青森県出身です。
姉が一人います。彼女は英語が話せます。姉も東京で働いています。
私は中国語を学ぶのが好きです。しかし、中国には行ったことがありません。
北京に行って、本場の中華料理を食べてみたいです。
私の中国語はまだ上手ではありません。これからも頑張って勉強します！
ありがとうございました。

■単語と表現		
大家好	dàjiā hǎo	みなさん、こんにちは
姓○○	xìng	○○（名字）といいます。（中国語では姓と名前を分けて説明する習慣があります）
叫○○	jiào	○○（姓名）といいます。
出生在〜	chūshēng zài	〜出身だ
但是	dànshì	しかし
地道	dìdào	本格的な、本場の
以后	yǐhòu	今後、これから
继续	jìxù	続ける
努力	nǔlì	努力
学习	xuéxí	勉強する、学ぶ
谢谢大家	xièxie dàjiā	ありがとうございました。（スピーチの締めの挨拶）

解答

DAY01　今日のドリル　聞いて選んでね！（23ページ）

①mā　②mà　③má

DAY02　今日のドリル　聞いて選んでね！（31ページ）

①ē　②à　③yì

DAY07　今日のドリル　聞いて選んでね！（56ページ）

①A(tā)※音声：A（tā）／B（dā）　　②B(kǎ)※音声：A（gǎ）／B（kǎ）
③A(pó)※音声：A（pó）／B（bó）

DAY10　単語を読んでみよう（72ページ～75ページ）

①「母音だけ」
爱　母音 ai ＋ 声調 第4声 ＝ ài
牙　母音 ia(ya) ＋ 声調 第2声 ＝ yá

②「発音しやすい子音」と「発音しやすい母音」の組み合わせの単語を読んでみよう（73
　ページ）
黑　子音 h(a) ＋ 母音 ei ＋ 声調 第1声 ＝ hēi
新　子音 x(i) ＋ 母音 in(yin) ＋ 声調 第1声 ＝ xīn

③「発音しやすい子音」と「注意が必要な母音」の組み合わせの単語を読んでみよう（73
　ページ）
喝　子音 h(a) ＋ 母音 e ＋ 声調 第1声 ＝ hē
女　子音 n(a) ＋ 母音 ü(yu) ＋ 声調 第3声 ＝ nǚ

④「注意が必要な子音」と「発音しやすい母音」の組み合わせの単語を読んでみよう（73
　ページ）
跳　子音 t(a) ＋ 母音 iao(yao) ＋ 声調 第4声 ＝ tiào
穿　子音 ch(i) ＋ 母音 uan(wan) ＋ 声調 第1声 ＝ chuān

⑤「注意が必要な子音」と「注意が必要な母音」の組み合わせの単語を読んでみよう（75
　ページ）
热　子音 r(i) ＋ 母音 e ＋ 声調 第4声 ＝ rè
去　子音 q(i) ＋ 母音 ü(yu) ＋ 声調 第4声 ＝ qù

DAY10　今日のドリル　聞いて選んでね！（76ページ）

①饿　②运动　③飞机

①Zhè shì wǒ de yī fu.　这是我的衣服。　これは私の服です。

②Tā men zài nà li.　他们在那里。　彼らはあそこにいます。

③Wǒ chī zhè ge miàn bāo.　我吃这个面包。　私はこのパンを食べます。

④Wǒ xiǎng tīng yīn yuè.　我想听音乐。　私は音楽を聞きたいです。

⑤Nǐ yǒu shǒu jī ma?　你有手机吗?　あなたは携帯電話を持っていますか？

①Wǒ tīng yīn yuè.　我听音乐。

②Nǐ tīng yīn yuè ma?　你听音乐吗?

③Wǒ bù tīng yīn yuè.　我不听音乐。

④Tā chī zhè ge miàn bāo.　他吃这个面包。

⑤Tā chī zhè ge miàn bāo ma?　他吃这个面包吗?

⑥Tā bù chī zhè ge miàn bāo.　他不吃这个面包。

⑦Tā lái zhè li ma?　她来这里吗?

⑧Tā xué Zhōng wén.　他学中文。

①你买这个吗?　②我买这个。　③我不买这个。

④他去中国。　⑤他去中国吗?　⑥他不去中国。

①这个便宜吗?　②这个很便宜。　③这个不便宜。

④这个面包好吃吗?　⑤这个面包很好吃。　⑥这个面包不好吃。

⑦中文难吗?　⑧中文很难。　⑨中文不难。

⑩这个手机贵吗?　⑪这个手机很贵。　⑫这个手机不贵。

①他是中国人吗?　②他是中国人。　③他不是中国人。

④这是日本茶吗?　⑤这是日本茶。　⑥这不是日本茶。

①(这是)包子。（これは肉まんです。）

②(这是)香菜。（これはパクチーです。）

③(这是)拿铁。（これはカフェラテです。）

④(这是)戒指。（これは指輪です。）

⑤(这是)熊猫。（これはパンダです。）

⑥(这是)词典。（これは辞書です。）

DAY16 今日のドリル「代名詞」の表を完成させよう！（122ページ）

①人称代名詞

　1人称単数：wǒ　2人称単数：nǐ　3人称男性単数：tā　3人称女性単数：tā

　1人称複数：wǒ men　2人称複数：nǐ men

　3人称複数男性：tā men　3人称複数女性：tā men

②指示代名詞

　もの（近称）：zhè ge(zhèi ge)　　　もの（遠称）：nà ge(nèi ge)

　場所（近称）：zhè li (zhèr)　　　　場所（遠称）：nà li(nàr)

DAY16 今日のドリル　当てはまる漢字は？（123ページ）

①好 hǎo　②电 diàn　③手 shǒu　④中 zhōng

DAY16 今日のドリル「基本の3文」を完成させよう！（125ページ）

①他学不学中文？（Tā xué bu xué Zhōng wén?）

②那（个)是香菜。（Nà (ge) shì xiāng cài.）

③戒指很贵。（Jiè zhi hěn guì.）

④那（个)是香菜吗？（Nà (ge) shì xiāng cài ma?）

DAY17 今日のドリル　文を完成させよう！①（128ページ）

①他看什么？（Tā kàn shén me?）

②你去哪里（哪儿)？（Nǐ qù nǎ li (nǎr)?）

③她买什么？（Tā mǎi shén me?）

④这个菜怎么样？（Zhè ge cài zěn me yàng?）

DAY17 今日のドリル　文を完成させよう！②（129ページ）

①哪里(哪儿)有票？（Nǎ li(nǎr) yǒu piào?）

②哪里(哪儿)是拍照胜地？（Nǎ li(nǎr) shì pāi zhào shèng dì?）

③谁是大阪人？（Shéi shì Dà bǎn rén?）

④谁买这个手机？（Shéi mǎi zhè ge shǒu jī?）

DAY18　今日のドリル　線で結ぼう！（136ページ）

「我爱你」－「520」－「愛してる、I love you」

「我想你」－「530」－「あなたが恋しい、I miss you」

「一生一世」－「1314」－「一生に一度」

「拜拜」－「88」－「バイバイ、さようなら」

DAY18　今日のドリル　訳してみよう！（137ページ）

東京オリンピック（1回目）：一九六四年　十月　十号　星期六　下午　一点　四十三分

北京オリンピック：二零零八年　八月　八号　星期五　晚上　八点　八分

東京オリンピック（2回目）：二零二一年　七月　二十三号　星期五　晚上　八点

DAY19　今日のドリル　文を完成させよう！（143ページ）

①现在他在公司。(Xiàn zài tā zài gōng sī.)

②我在博物馆工作。(Wǒ zài bó wù guǎn gōng zuò.)

③她在学校学中文。(Tā zài xué xiào xué Zhōng wén.)

④我们今天晚上不在家。(Wǒ men jīn tiān wǎn shang bú zài jiā.)

DAY20　今日のドリル　音声を聞いて文を完成させよう！（154ページ）

①

主語	"也"	（否定）	動詞／形容詞	（反復）	目的語	"吗"
你们	也		去		超市	吗?

日本語訳：あなたたちもスーパーに行きますか？

②

主語	"也"	（否定）	動詞／形容詞	（反復）	目的語	"吗"
那个中国菜	也	不	辣。			

日本語訳：あの中華料理も辛くありません。

③

主語	"也"	（否定）	動詞／形容詞	（反復）	目的語	"吗"
他们	也	不	是		医生。	

日本語訳：彼らも医者ではありません。

④

主語	"也"	（否定）	動詞／形容詞	（反復）	目的語	"吗"
我	也	不	去		公司。	

日本語訳：私も会社に行きません。

⑤

主語	"也"	（否定）	動詞／形容詞	（反復）	目的語	"吗"
他			喝	不喝	珍珠奶茶？	

日本語訳：彼はタピオカミルクティーを飲みますか？

DAY21 今日のドリル 線で結ぼう！（164ページ）

「イーペーコー」―「一杯口」―「yì bēi kǒu」

「イッキツウカン」―「一气　通贯」―「yí qì tōng guàn」

「ダブルリーチ」―「两 立直」―「liǎng lì zhí」

「イッパツ」―「一发」―「yì fā」

「イーシャンテン」―「一上 听」―「yí shàng tīng」

「チンイツ」―「清 一色」―「qīng yí sè」

DAY22 今日のドリル ピンインと文を完成させよう！（171ページ）

①Nǐ zài nǎ li chī fàn?　你在哪里吃饭？

②Wǒ de gōng zuò hěn máng.　我的工作很忙。

③Zhè shì lǎo shī de.　这是老师的。

DAY23 今日のドリル 会話文を完成させよう！（179ページ）

①B

　A：我不想去北京。Wǒ bù xiǎng qù Běi jīng.（私は北京に行きたくありません。）

　B：我非常想回上海见朋友。Wǒ fēi cháng xiǎng huí Shàng hǎi jiàn péng you.
　　（私は、友達に会いに上海にとても帰りたいです。）

　C：我朋友想回上海见老师。Wǒ péng you xiǎng huí Shàng hǎi jiàn lǎo shī.
　　（私の友達は、先生に会いに上海に帰りたいです。）

　D：她朋友在学校打电话。Tā péng you zài xué xiào dǎ diàn huà.（彼女の友
　　達は、学校で電話をします。）

②A

　A：我们去新宿买手机。Wǒ men qù Xīn sù mǎi shǒu jī.（私たちは携帯電話を買
　　いに新宿に行きます。）

　B：我去商店买手表。Wǒ qù shāng diàn mǎi shǒu biǎo.（私は腕時計を買いに店
　　に行きます。）

　C：我们想去新宿买手绢。Wǒ men xiǎng qù Xīn sù mǎi shǒu juàn.（私たち
　　はハンカチを買いに新宿に行きたいです。）

　D：他想去超市买口罩。Tā xiǎng qù chāo shì mǎi kǒu zhào.（彼はマスクを買
　　いにスーパーに行きたいです。）

③D

　A：她去酒店喝咖啡。Tā qù jiǔ diàn hē kā fēi.（彼女はコーヒーを飲みにホテルに
　　行きます。）

B：我去公司见哥哥。Wǒ qù gōng sī jiàn gē ge.（私は兄に会いに会社に行きます。）

C：我明天来公司工作。Wǒ míng tiān lái gōng sī gōng zuò.（私は明日、会社に仕事をしに来ます。）

D：她明天来我们公司工作。Tā míng tiān lái wǒ men gōng sī gōng zuò.（彼女は明日、私たちの会社に仕事をしに来ます。）

DAY24　今日のドリル　文を完成させよう！（189ページ）

①他有一百个朋友。　Tā yǒu yì bǎi ge péng you.

②现在我家有两瓶啤酒。Xiàn zài wǒ jiā yǒu liǎng píng pí jiǔ.

③这件衬衫也不好看。Zhè jiàn chèn shān yě bù hǎo kàn.

④那位医生有没有哥哥？Nà wèi yī shēng yǒu méi yǒu gē ge？

DAY25　今日のドリル　文を完成させよう！（198ページ）

①你喜欢书法还是茶道？　Nǐ xǐ huan shū fǎ hái shi chá dào？

②他想去北京还是上海？　Tā xiǎng qù Běi jīng hái shi Shàng hǎi？

③我想买便宜的电脑　Wǒ xiǎng mǎi pián yi de diàn nǎo.

④明天早上下雪还是下雨？Míng tiān zǎo shang xià xuě hái shi xià yǔ？

DAY26　今日のドリル　文を完成させよう！（209ページ）

①能（我今天很忙。不能去。）Wǒ jīn tiān hěn máng. Bù néng qù.

②会（我不会打篮球。）Wǒ bú huì dǎ lán qiú.

③能または可以（那里能游泳吗？ / 那里可以游泳吗？）　Nà li néng yóu yǒng ma? / Nà li kě yǐ yóu yǒng ma?

④会（我不会弹钢琴。）Wǒ bú huì tán gāng qín.

⑤能（我今天没有驾照。我不能开车。）Wǒ jīn tiān méi yǒu jià zhào. Wǒ bù néng kāi chē.

DAY27　今日のドリル　単語を並べ替えて文を完成させよう！（217ページ）

①你给谁打电话？　Nǐ gěi shéi dǎ diàn huà？

②我给你这个钱包。　Wǒ gěi nǐ zhè ge qián bāo.

③我给你弟弟写信。　Wǒ gěi nǐ dì di xiě xìn.

④你想跟谁一起去？　Nǐ xiǎng gēn shéi yì qǐ qù？

⑤我跟他一起去图书馆看书。　Wǒ gēn tā yì qǐ qù tú shū guǎn kàn shū.

①你去过中国吗？　Nǐ qù guo Zhōng guó ma?

　Yes 我去过（中国）。　Wǒ qù guo (Zhōng guó). / No 我没去过（中国）。
Wǒ méi qù guo (Zhōng guó).

②你看过京剧吗？　Nǐ kàn guo jīng jù ma?

　Yes 我看过（京剧）。　Wǒ kàn guo (jīng jù). / No 我没看过（京剧）。　Wǒ
méi kàn guo (jīng jù).

③你吃过北京烤鸭吗？　Nǐ chī guo Běi Jīng kǎo yā ma?

　Yes 我吃过（北京烤鸭）。　Wǒ chī guo (Běi Jīng kǎo yā). / No 我没吃过（北
京烤鸭）。　Wǒ méi chī guo (Běi Jīng kǎo yā).

④你学过法语吗？　Nǐ xué guo Fǎ yǔ ma?

　Yes 我学过（法语）。　Wǒ xué guo (Fǎ yǔ). / No 我没学过（法语）。　Wǒ
méi xué guo (Fǎ yǔ).

⑤你坐过飞机吗？　Nǐ zuò guo fēi jī ma?

　Yes 我坐过（飞机）。　Wǒ zuò guo (fēi jī). / No 我没坐过（飞机）。　Wǒ
méi zuò guo (fēi jī).

①昨天我睡得很好。　Zuó tiān wǒ shuì de hěn hǎo.　昨日は良く寝ました。

②他打网球打得很好。　Tā dǎ wǎng qiú dǎ de hěn hǎo.　彼はテニスが上手です。

③我做菜做得不好。　Wǒ zuò cài zuò de bù hǎo.　私は料理が上手ではありません。

④昨天晚上我喝得太多了。　Zuó tiān wǎn shang wǒ hē de tài duō le.　昨日の
夜は飲み過ぎました。

⑤贵美开车开得不太好。　Guì měi kāi chē kāi de bú tài hǎo.　貴美は運転があま
り上手ではありません。

DAY20　応用会話にチャレンジ！（152ページ）

Ａ：你吃什么？

Ｂ：我吃面包。你呢？

Ａ：我也吃面包！你喝什么？

Ｂ：我喝奶茶。你也喝吗？

Ａ：我也喝。

DAY21　応用会話にチャレンジ！（162ページ）

Ａ：这个花瓶很好看！

Ｂ：真的！

Ａ：你看，那个茶壶也很好看。

Ｂ：这两个都很好看。你买哪个？

Ａ：我买这个。

DAY22　応用会話にチャレンジ！（169ページ）

Ａ：贵美，这是什么？

Ｂ：这是我哥哥的小提琴。

Ａ：你哥哥是不是音乐家？

Ｂ：不是，他在大学工作。

DAY23　応用会話にチャレンジ！（177ページ）

Ａ：后天，你想买什么？

Ｂ：我想去百货店买生日礼物。

Ａ：谁的生日？

Ｂ：我妈妈。我坐公交车去。你呢？

Ａ：我坐地铁去。

Ｂ：那，后天见！

DAY24　応用会話にチャレンジ！（187ページ）

Ａ：这件衣服很好看。

Ｂ：贵不贵？

Ａ：不贵。

Ｂ：你有没有帽子？

Ａ：我没有帽子。

Ｂ：那，下星期我们一起去买吧！

DAY25　応用会話にチャレンジ！（196ページ）

Ａ：今天天气很好。我们在咖啡店吃午饭吧。

Ｂ：好啊！

Ａ：你想吃汉堡包还是热狗？

Ｂ：我想吃很大的汉堡包！

Ａ：我也喜欢汉堡包。

DAY26　応用会話にチャレンジ！（207ページ）

Ａ：贵美，你会唱中文歌吗？

Ｂ：我会唱。

Ａ：我想听。但是这里不能唱。

Ｂ：在卡拉OK可以唱。

Ａ：今天你能不能去？

Ｂ：好啊，现在去吧。

DAY27　応用会話にチャレンジ！（215ページ）

Ａ：明天你几点回家？

Ｂ：晚上六点。

Ａ：你给我打电话，可以吗？我想跟你一起玩儿。

Ｂ：好啊。

DAY28　応用会話にチャレンジ！（224ページ）

Ａ：昨天的篮球比赛，你看了吗？

Ｂ：我看了。日本队赢了。

Ａ：明天的比赛几点开始？

Ｂ：早上七点。

DAY29　応用会話にチャレンジ！（233ページ）

Ａ：你去过中国吗？

Ｂ：我去过。

Ａ：你去过哪里？

Ｂ：我去过北京和上海。

DAY30　応用会話にチャレンジ！（241ページ）

Ａ：他滑雪滑得很好。你认识他吗？

Ｂ：我认识。他在美国参加过比赛。

Ａ：听说他还会攀岩。太棒了！他有女朋友吗？

Ｂ：没有女朋友。他结婚了。

巻末付録

体の部位

DL 190

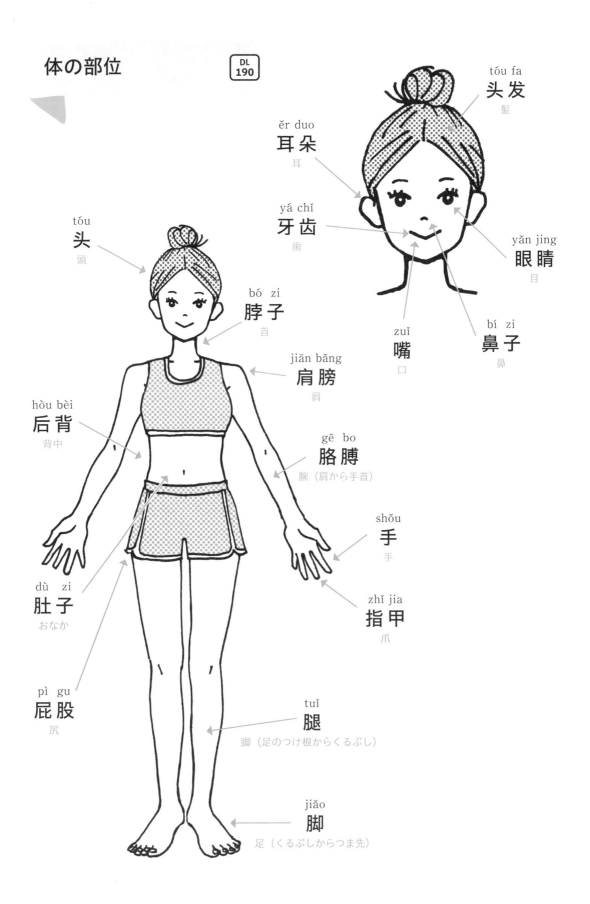

tóu fa
头发
髪

ěr duo
耳朵
耳

yá chǐ
牙齿
歯

yǎn jing
眼睛
目

zuǐ
嘴
口

bí zi
鼻子
鼻

tóu
头
頭

bó zi
脖子
首

jiān bǎng
肩膀
肩

hòu bèi
后背
背中

gē bo
胳膊
腕（肩から手首）

shǒu
手
手

zhǐ jia
指甲
爪

dù zi
肚子
おなか

pì gu
屁股
尻

tuǐ
腿
脚（足のつけ根からくるぶし）

jiǎo
脚
足（くるぶしからつま先）

gǒu

狗

犬

māo

猫

猫

hú li

狐狸

キツネ

dà xiàng

大象

ゾウ

cháng jǐng lù

长颈鹿

キリン

hóu zi

猴子

サル

mǎ

马

ウマ

yú

鱼

魚

qīng wā

青蛙

カエル

tù zi

兔子

ウサギ

wū yā

乌鸦

カラス

lǎo hǔ

老虎

トラ

場所

dà xué
大学
大学

yín háng
银行
銀行

yóu jú
邮局
郵便局

shāng diàn
商店
店

biàn lì diàn
便利店
コンビニ

shū diàn
书店
書店

kā fēi diàn
咖啡店
カフェ

cān tīng
餐厅
レストラン、食堂

diàn yǐng yuàn
电影院
映画館

yī yuàn
医院
病院

gōng yuán
公园
公園

xǐ shǒu jiān/cè suǒ
洗手间/厕所
お手洗い／トイレ

gāng qín
钢琴
ピアノ

jí tā
吉他
ギター

xiǎo tí qín
小提琴
バイオリン

gǔ
鼓
太鼓

cháng dí
长笛
フルート

kǒu qín
口琴
ハーモニカ

xiǎo hào
小号
トランペット

èr hú
二胡
二胡

pí pa
琵琶
琵琶

gǔ diǎn yīn yuè
古典音乐
クラシック音楽

jué shì yuè
爵士乐
ジャズ音楽

yáo gǔn yuè
摇滚乐
ロックミュージック

ピンイン表

		1	2	3	4	5	6	7	8	9	10
		a	o	e	ai	ei	ao	ou	an	en	ang
1	/	a	o	e	ai	ei	ao	ou	an	en	ang
2	b	ba	bo		bai	bei	bao		ban	ben	bang
3	p	pa	po		pai	pei	pao	pou	pan	pen	pang
4	m	ma	mo	me	mai	mei	mao	mou	man	men	mang
5	f	fa	fo			fei		fou	fan	fen	fang
6	d	da		de	dai	dei	dao	dou	dan	den	dang
7	t	ta		te	tai		tao	tou	tan		tang
8	n	na		ne	nai	nei	nao	nou	nan	nen	nang
9	l	la		le	lai	lei	lao	lou	lan		lang
10	g	ga		ge	gai	gei	gao	gou	gan	gen	gang
11	k	ka		ke	kai	kei	kao	kou	kan	ken	kang
12	h	ha		he	hai	hei	hao	hou	han	hen	hang
13	j										
14	q										
15	x										
16	zh	zha		zhe	zhai	zhei	zhao	zhou	zhan	zhen	zhang
17	ch	cha		che	chai		chao	chou	chan	chen	chang
18	sh	sha		she	shai	shei	shao	shou	shan	shen	shang
19	r			re			rao	rou	ran	ren	rang
20	z	za		ze	zai	zei	zao	zou	zan	zen	zang
21	c	ca		ce	cai		cao	cou	can	cen	cang
22	s	sa		se	sai		sao	sou	san	sen	sang

▢ 有気音　▢ 反り舌音　▢ 有気音＋反り舌音

※3つの「-i」 母音 13 〜 15 の「-i」は違う音とされています。母音 13 と 14 の「-i」は唇を横に広げずに発音します。それに対して、母音 15 の「i」は唇を横に少し引き、舌に力を入れて日本語の「い」よりもハッキリ発音します。

		11	12	13	14	15	16	17	18	19	20
		eng	ong	-i ※	-i ※	i ※	ia	ie	iao	iou	ian
1	/	eng				yi	ya	ye	yao	you	yan
2	b	beng				bi		bie	biao		bian
3	p	peng				pi		pie	piao		pian
4	m	meng				mi		mie	miao	miu	mian
5	f	feng									
6	d	deng	dong			di		die	diao	diu	dian
7	t	teng	tong			ti		tie	tiao		tian
8	n	neng	nong			ni		nie	niao	niu	nian
9	l	leng	long			li	lia	lie	liao	liu	lian
10	g	geng	gong								
11	k	keng	kong								
12	h	heng	hong								
13	j					ji	jia	jie	jiao	jiu	jian
14	q					qi	qia	qie	qiao	qiu	qian
15	x					xi	xia	xie	xiao	xiu	xian
16	zh	zheng	zhong		zhi						
17	ch	cheng	chong		chi						
18	sh	sheng			shi						
19	r	reng	rong		ri						
20	z	zeng	zong	zi							
21	c	ceng	cong	ci							
22	s	seng	song	si							

		21	22	23	24	25	26	27	28	29	30
		in	iang	ing	iong	u	ua	uo	uai	uei	uan
1	/	yin	yang	ying	yong	wu	wa	wo	wai	wei	wan
2	b	bin		bing		bu					
3	p	pin		ping		pu					
4	m	min		ming		mu					
5	f					fu					
6	d			ding		du		duo		dui	duan
7	t			ting		tu		tuo		tui	tuan
8	n	nin	niang	ning		nu		nuo			nuan
9	l	lin	liang	ling		lu		luo			luan
10	g					gu	gua	guo	guai	gui	guan
11	k					ku	kua	kuo	kuai	kui	kuan
12	h					hu	hua	huo	huai	hui	huan
13	j	jin	jiang	jing	jiong						
14	q	qin	qiang	qing	qiong						
15	x	xin	xiang	xing	xiong						
16	zh					zhu	zhua	zhuo	zhuai	zhui	zhuan
17	ch					chu	chua	chuo	chuai	chui	chuan
18	sh					shu	shua	shuo	shuai	shui	shuan
19	r					ru	rua	ruo		rui	ruan
20	z					zu		zuo		zui	zuan
21	c					cu		cuo		cui	cuan
22	s					su		suo		sui	suan

		31	32	33	34	35	36	37	38
		uen	uang	ueng	ü	üe	üan	ün	er
1	/	wen	wang	weng	yu	yue	yuan	yun	er
2	b								
3	p								
4	m								
5	f								
6	d	dun							
7	t	tun							
8	n				nü	nüe			
9	l	lun			lü	lüe			
10	g	gun	guang						
11	k	kun	kuang						
12	h	hun	huang						
13	j				ju	jue	juan	jun	
14	q				qu	que	quan	qun	
15	x				xu	xue	xuan	xun	
16	zh	zhun	zhuang						
17	ch	chun	chuang						
18	sh	shun	shuang						
19	r	run							
20	z	zun							
21	c	cun							
22	s	sun							

原田夏季（はらだ・なつき）

日本・東京生まれ。高校から中国語を学び、大連へ留学。
中国語講師として、企業・学校で入門・初級の授業を数多く担当。舞台通訳・ゲーム翻訳なども手掛ける。
SNSでは「夏季老師」の名前で知られ、YouTubeで入門者向けのレッスン動画を配信。
また、X（旧Twitter）では中国語学習のヒントや文法まとめメモを更新中！
著書に『超初級から話せる　中国語声出しレッスン』（アルク）、『夏季老師の中国語用の口を手に入れる発音教室』（三修社）、共著に『Q&A Diary 中国語で3行日記』（アルク）がある。
公式サイト：https://haradanatsuki.com/

ゼロからはじめる　中国語書き込みレッスン

発　行　日	2023年12月11日（初版）
著　　　者	原田夏季
編　　　集	株式会社アルク　出版編集部
校正・問題作成協力	上野振宇
ＡＤ・デザイン	早坂美香（shuriken graphic）
イ ラ ス ト	shoko wada
ナ レ ー シ ョ ン	李軼倫、姜海寧、菊地信子
録 音 ・ 編 集	株式会社メディアスタイリスト
Ｄ　　　Ｔ　　　Ｐ	新井田晃彦（有限会社共同制作社）、洪永愛（Studio H2）
印 刷 ・ 製 本	シナノ印刷株式会社
発　行　者	天野智之
発　行　所	株式会社アルク
	〒102-0073 東京都千代田区九段北4-2-6　市ヶ谷ビル
	Website：https://www.alc.co.jp/